崩潰後的自由，黑格爾論人與瘋狂

Georg Wilhelm Friedrich Hegel

本[illegible]……主義

19世紀德國哲學的代表

黑格爾

劉燁，柳映書 編譯

黑格爾：「凡是合理的都是現實的，
凡是現實的都是合理的。」

死後最具爭議的哲學家、史上最偉大的德國人之一，
大膽創新的立論×名言連發的著作
——影響深遠、充滿革命精神的哲學大師黑格爾！

崧燁文化

序言

黑格爾（Hegel，西元一七七〇至一八三一年），十九世紀德國著名的哲學家。被譽為「集德國古典哲學之大成」的黑格爾哲學，具有百科全書式的豐富性，被認為是資產階級哲學思想發展的一座高峰。

黑格爾一生著作頗豐，代表作品有《精神現象學》、《邏輯學》、《哲學全書》，另外還有《法哲學原理》、《美學講演錄》、《哲學史講演錄》、《歷史哲學講演錄》等極具影響力的著作。

黑格爾在他的哲學體系中建立了一個令人嘆為觀止的客觀唯心論體系，主要講述絕對精神自我發展的三個階段：邏輯學、自然哲學、精神哲學。更加具有開拓性意義的是，黑格爾在論述每一個概念、事物和整個體系的發展時自始至終貫徹了這種辯證法的原則，因此有人評價黑格爾哲學「這是人類思想史上最驚人的大膽思考之一」。

不僅如此，從另外的角度來看，黑格爾的哲學還從某種程度上反映了當時德國資產階級的革命性與軟弱性（同時這也反映了當時整個西方資產階級的特點）。此外，黑格爾哲學中，還體現了豐富的辯證法內容與保守體系的深刻矛盾。

黑格爾的哲學思想，在黑格爾死後的相當一段時期內曾處於沉寂狀態，一直到二十世紀，黑格爾哲學才重新受到廣泛關注。現在，關於黑格爾的研究已成了國際現象，不同階級、不同學派，都對其提出自己的解釋，得出自己的結論。可以說，今天的東西方很少有哲學家和哲學派別沒有與黑格爾發生直接或間接的關係。即使黑格爾派或新黑格爾主義已經成了歷史現象，但黑格爾哲學卻仍在發揮著自己的作用，啟發著當代人的思想。

黑格爾作為德國古典哲學中最有影響的一位哲學家，人們越來越重視他的哲學，並不斷深入研究。

本書是對黑格爾主要學說的一個簡要的概括性介紹，主要內容包括：黑格爾的邏輯學、黑格爾的自然哲學、黑格爾的精神哲學、黑格爾的法哲學。在黑格爾的這些思想中，雖然難免晦澀難懂，但本書深入淺出的解讀方式仍能讓廣大讀者盡快認識、了解黑格爾哲學思想的精要，一睹這位思想大師精神世界的風采。

黑格爾生平

西元一七七〇年八月二十七日，黑格爾出生於德國符騰堡王國首府斯圖加特。縱觀黑格爾智慧的一生，基本可用四個字來概括：大器晚成。

黑格爾從小就非常喜歡讀書，他把看書當作一種極大的樂趣。他的零用錢基本上都用在買書上，還常常去圖書館看書。西元一七八八年十月，年僅十八歲的黑格爾到圖賓根神學院學習哲學和神學，這是黑格爾哲學生涯的開端。

西元一八〇一年，三十一歲的黑格爾來到當時德國哲學和文學的中心耶拿，開始了他一生中具有決定意義的一個階段。在耶拿，黑格爾讀了大量的哲學和神學著作，期間，他寫了〈費希特和謝林哲學體系的差異〉一文，參加當時的哲學爭論。該文是黑格爾發表的第一篇哲學論文。除此之外，黑格爾在這一時期還發表了一些批評康德、費希特等人的著作。這些人的哲學被黑格爾看作主觀的反思哲學和需要克服的片面性哲學。黑格爾認為，應該把這些哲學同以總體為基礎的「真正的哲學」區別開來。

西元一八〇五年，黑格爾被聘為副教授。在這期間，黑格爾主要創作了《精神現象學》一書，並於西元一八〇七年三月出版。該書代表著由康德開始的德國哲學革命進入了新的階段，也代表著黑格爾已經成為一位獨樹一幟的哲學家。後來，黑格爾又分別於西元一八一二年、一八一三年、一八一六年在紐倫堡完成了另一部巨著（即先後出版的《邏輯學》）。這部著作的重要意義和它出版後遭到冷淡的待遇形成了鮮明的對照。

西元一八一六年，黑格爾開始在海德堡擔任哲學教授，他根據講課提綱編輯成《哲學全書》分別於西元一八一七年、一八二七年、一八三〇年出版，每次再版都作了重要修改。此外，他還在此期間發表了政論〈評一八一五年和一八一六年符騰堡王國等級議會的討論〉，堅持他的君主立憲制觀點，批評邦議員們「要求恢復法國革命前的舊法制」的建議。也正是因為這些舉動，黑格爾開始在海德堡享有盛譽。

西元一八一八年，普魯士國王任命黑格爾為柏林大學教授。西元一八二二年，黑格爾被任命為大學評議會委員。西元一八二九年十月，黑格爾被選為柏林大學校長同時兼任政府代表。西元一八三一年，黑格爾被授予三級紅鷹勛章，同年夏天，黑格爾發表了他的〈論英國改革法案〉一文，引起轟動，但因為普魯士國王下令中止，〈論英國改革法案〉只發表了前半部分。

西元一八三一年十一月十四日，黑格爾卒於柏林，享壽六十一歲。

黑格爾智慧的一生集德國古典哲學之大成，創立了一個完整的客觀唯心論哲學體系。馬克思、恩格斯批判地繼承了黑格爾辯證法的合理核心，創立了唯物辯證法。恩格斯更是給黑格爾以高度的評價：「近代德國哲學在黑格爾的體系中達到了頂峰。」

目錄

第四章 黑格爾的自然哲學

第一章 黑格爾的存在論

黑格爾的邏輯學是研究事物本質的科學，研究的對象是事物的本質。黑格爾的邏輯學說的範疇分為存在論、本質論和概念論三個部分。「存在論」處在認識的最抽象階段，是黑格爾整個邏輯學說的基礎。「存在論」屬於非常直接的範疇，也屬於最直接、最抽象和最片面的範疇。

「存在論」有一個發展的過程，具體來講，這是一個由抽象到具體的過程。存在論的最初階段，可以說是最抽象、最貧乏和最片面的。那麼，邏輯學到底是從什麼地方開始的呢？即理性認識從什麼地方開始？精神現象學的最後階段，就是邏輯學的開端。最抽象的概念，就是理性認識的開端，這個概念被黑格爾叫做「純存在」或「純有」。這個「純存在」或者「純有」是存在論中的第一個範疇，也是黑格爾整個邏輯學最空洞、最抽象和最貧乏的範疇。黑格爾認為，「純存在」就是我們的思想最初碰到的東西。我們理性最初碰到的一個概念，就是「純存在」或「純有」。

具體來講，黑格爾的「存在論」的內容大體包括質、量、度三個方面。

黑格爾「邏輯學」

邏輯學是黑格爾整個學說體系的靈魂和核心。

黑格爾的邏輯學說的範疇分為存在論、本質論和概念論三個部分。在系統了解黑格爾的整個哲學體系之前，我們必須對黑格爾的「邏輯學」及其所研究的「邏輯」有一個相對明確的、大體的把握。另外，我們還必須弄清楚，黑格爾的邏輯學說實際上是客觀唯心論的。本小節是對黑格爾「邏輯學」的一個提綱挈領的介紹。

我們知道，邏輯學是黑格爾整個學說體系的靈魂和核心，黑格爾認為邏輯學「是事物內在的核心」、「思維規定是精神和自然的絕對實體，是普遍的貫穿一切的東西」。正是在此基礎上，黑格爾展開了他的一系列關於「邏輯理念」的研究。

那麼，什麼是黑格爾的「邏輯」？什麼又是黑格爾的「邏輯學」呢？

黑格爾所謂的「邏輯」不同於我們平常所理解的「邏輯」，當然，黑格爾的「邏輯學」研究的也不是我們平常所理解的「邏輯」。我們平常所講的「邏輯」是一個局限於「形式邏輯」的概念。黑格爾哲學體系裡所講的「邏輯」指的是我們生存的這個世界，甚至整個宇宙中事物存在的本原，即邏輯是關於認識事物發展規律的理論。

故可以說，黑格爾的邏輯學，就是研究我們生存的這個世界，甚至整個宇宙事物本質的科學。或者可以說，黑格爾邏輯學的任務就是研究事物的本質，以及一切關乎事物本原的東西。

從根本上講，黑格爾的邏輯學的最終目的，就是要找到我們生存的這個世界，甚至整個宇宙事物存在的本原、核心、本質及潛在的「純粹真理」和「絕對精神」。黑格爾認為，邏輯就是「絕對的真理」或者「絕對真理的絕對形式」。甚至可以說，邏輯學就是「純粹真理」、「絕對精神」和「絕對真理」自身。

在這個基礎上，黑格爾認為，針對「邏輯學」本身來講，它存在的意義，也就是邏輯學在認識「純粹真理」、「絕對精神」和「絕對真理」的過程中所達到的程度。

黑格爾的邏輯學說的範疇分為存在論、本質論和概念論三個部分。「存在論」還只是處在認識的最抽象的階段，是黑格爾整個邏輯學說的基礎。因此，「存在論」屬於非常直接的範疇，屬於最直接、最抽象和最片面的範疇，所以理解起來也相當困難。但是，只有真正把握了黑格爾的「存在論」，才能真正理解黑格爾整個「黑氏哲學」和「黑氏邏輯學」。

「本質論」是建立在「存在論」基礎之上的，旨在透過事物的表面挖掘事物潛在「底層」、「基礎」、「本質」以及「間接面」。這是「黑氏邏輯學」裡相當重要的一部分，有點「方法論」的意思。

「概念論」是「黑氏邏輯學」的一個總結，是「直接性的存在論」和「間接性（相對於存在論的直接性）的本質論」的系統結合，是黑氏邏輯學的昇華。

此外，有一點必須說明，黑格爾的邏輯學是唯心論的。黑格爾的邏輯學說自始至終強調的都是達到「純粹真理」、「絕對精神」和「絕對真理」。這些所謂「純粹真理」、「絕對精神」和「絕對真理」都是一個概念的延伸詞——「理念」或者「絕對理念」。這裡的象徵著世間萬物本原的「理念」，很明顯不是唯物論裡所講的「客觀事物」，而是與「客觀事物」相對的來自於精神世界的「理念」。後來，列寧在黑格爾的基礎上也提出了一個關於邏輯的定義，但是從實質意義上講，兩者是背道而馳的。列寧說：「邏輯不是關於思維的外在形式的學說，而是關於『一切物質的、自然的和精神的事物』的發展規律學說，即關於世界的全部具體內容以及對它的認識的發展規律學說，也就是對世界的認識的歷史總計、總和和結論。」很顯然，列寧是唯物的，黑格爾是唯心的。

絕對精神

黑格爾邏輯學的研究對象是「絕對精神」、「純粹概念」、「絕對理念」、「純粹理念」或者「純粹真理」等等。

黑格爾所講的「絕對精神」、「純粹概念」、「絕對理念」、「純粹理念」是既存在於人的頭腦又存在於世間所有客觀事物（包括人類）裡面的「精神」、「概念」或者「理念」。一般來講，黑格爾的邏輯學所研究的「絕對精神」、「純粹概念」、「絕對理念」或者「純粹理念」包括以下幾個特點：

一、「絕對精神」的「絕對」首先體現在它的普遍性上；

二、「絕對精神」就是絕對的真理；

三、「絕對精神」也不完全是絕對的抽象；

四、作為研究對象的「絕對精神」，是純粹的概念；

五、「絕對精神」是第一性的。

不管在什麼時候，走在人類最前面的總是哲學家。哲學家有一種先天的責任感，他們總有一種要為全人類、整個人類社會以及整個自然界解決「本原問題」的責任。他們往往盡其一生來研究類似「我是誰」、「我來自哪裡」、「我將走向哪裡」這樣一些看似簡單卻又讓人百思不得其解的問題。於是，他們基於自己的研究給出了不同的答案。用很調侃的話講，這就是整個哲學發展的基礎或者縮影。

作為哲學家，黑格爾難逃其咎。我們已經知道，黑格爾的「邏輯學」所講的「邏輯」並不是我們平時所講的「形式邏輯」。黑格爾的邏輯學是研究事物本質的科學。那麼，黑格爾認為事物的本原是什麼呢？也就是說，黑格爾的邏輯學到底要研究什麼呢？什麼才是事務的本質呢？

黑格爾認為，既然邏輯學是要研究事物，也就是世間萬事萬物的本質，那麼，這個本質也就不應該僅僅是個體的東西，而必須是普遍性的東西、一般的東西。在此基礎上，黑格爾提出了「絕對精神」這樣一個概念。很容易理解，「絕對精神」是絕對的真理，是對世間萬物都適用的。在本書中，「絕對精神」和「純粹概念」、「絕對理念」、「純粹理念」、「純粹真理」、「概念」、「客觀概念」、「絕對概念」、「絕對觀念」等名詞的概念是等同的。

至此，黑格爾邏輯學的研究對象已經非常明朗化了。黑格爾邏輯學的研究對象就是上面我們提到的「絕對精神」或者「純粹概念」、「絕對理念」、「純粹理念」、「純粹真理」等等。那麼，什麼又是「絕對精神」、「純粹概念」、「絕對理念」、「純粹理念」呢？實際上，黑格爾這裡講的「絕對精神」、「純粹概念」、「絕對理念」、「純粹理念」等名詞並不是具體指我們平時頭腦中所理解的那些「精神」、「概念」和「理念」等。黑格爾所講的「絕對精神」、「純粹概念」、「絕對理念」以及「純粹理念」，是既存在於人的頭腦又存在於世間所有客觀事物（包括人類）裡面的「精神」、「概念」或者「理念」。因此，可以說，黑格爾的「純粹概念」、「絕對理念」或者「純粹理念」既是人類主觀的指代，也是指世間萬物客觀的指代，還可以說就是「客觀指代」。為什麼說還可以說就是『客觀指代』呢？從我們唯物論者的角度看來，人也是客觀存在。所以，我們從這裡可以看出，黑格爾的邏輯學的出發點是客觀的唯心論。

一般來講，黑格爾的邏輯學所研究的「絕對精神」或者「純粹概念」、「絕對理念」以及「純粹理念」可以從以下幾個角度理解：

一、「絕對精神」的「絕對」首先體現在他的普遍性上

黑格爾認為，「絕對精神」的「絕對」或者「純粹概念」的「純粹」指的就是「普遍性」。「絕對精神」區別於任何世間感性事物的個別性，是普遍意義的精神、概念、真理、理念和觀念；是不帶有任何特殊性的東西；完全是純粹的、絕對的和普遍的；是最抽象的普遍概念。

「絕對精神」和世間萬物的關係主要體現在它的「規定性」上，即世間萬物的個別性都取決於「絕對精神」的「規定性」。因此，「絕對精神」的「絕對」並不是完全抽象的「絕對」，只要和世間任何感性的事物聯繫起來，它就是具體的。在任何感性事物面前，「絕對精神」就好比高高在上的「上帝」。世間

萬物以及世間萬物的方方面面都是這種「絕對精神」的力量體現。因此，「絕對精神」既是普遍的，又是能動的，或者說，「絕對精神」是能動的普遍。

不難理解，黑格爾的邏輯學裡所講的「絕對精神」是最普遍的、最基本的及最共同的原則、理念和概念。從純粹物質的角度來講，黑格爾在邏輯學裡所研究的「絕對精神」就是事物和物質的「上帝」。

二、「絕對精神」就是絕對的真理

我們已經知道，相對於世間任何感性的事物，「絕對精神」就是高高在上的「上帝」。「絕對精神」的力量決定了世間任何感性事物的發生、存在、發展以及消亡。更加值得強調的一點是，「絕對精神」的這種「決定」是絕對的，不受任何事物的主宰。不管是什麼，都不會對「絕對精神」產生絲毫的影響。對於我們來講，「絕對精神」雖然是看不見摸不著的，但是這並不影響它對於世間萬物的「決定作用」。因此，黑格爾認為，「絕對精神」就是物質世界絕對的真理。

「絕對精神」是絕對的真理。作為「絕對精神」的衍生物，一切源於「絕對精神」的普遍概念或者普遍原則，也都是「真理」的載體。它們包含事物的本質和真理。也就是說，「絕對精神」範疇內的任何普遍概念也都是事物的本質和真理。這樣看來，作為思維產物的普遍概念，就包含事物的本質和真理。或者說，這些普遍原則也就是事物的本質和真理。

三、「絕對精神」也不完全是絕對的抽象

其實，黑格爾所講的「絕對精神」、「純粹概念」等並不是絕對的抽象。黑格爾認為，人們借助於「反思」，就能在主體意識裡面對事物的真實本質有一個具體認識。這裡所講的「反思」是主體的能動性活動。當然，「反思」這一活動本身並不是一個簡單的過程。

「反思」的表面對象是感性事物；「反思」的仲介是主體意識；「反思」的真正對象就是我們上面所講的「絕對精神」或「純粹概念」等。

「反思」的主要活動是主體意識對感性知覺對象及感性事物的認識、加工和改造。這一活動是長期的、艱鉅的、複雜的和階段性的，但是最終的結果

是，事物的真正本質（即「絕對精神」或者「純粹概念」）都會經過「反思」這一過程最終呈現在主體意識裡面。

表面上看，「絕對精神並不是絕對的抽象」這一理解好像和黑格爾「絕對精神就是絕對的真理」有很大矛盾。其實不然，作為純粹的邏輯學研究對象的「絕對精神」和「純粹概念」，當然是絕對的、抽象的和「看」不見「摸」不著的，但是，按照黑格爾所講，「絕對精神」不管有多「絕對」，「純粹概念」不管有多「純粹」，它終究是世間萬事萬物的本質。它只要和萬事萬物聯繫起來，它就是具體的。

四、作為研究對象的「絕對精神」，是純粹的概念

要真正理解黑格爾所講的「絕對精神」，有一點必須要搞清楚，那就是黑格爾所講的「絕對精神」是純粹「真理形式」，是純粹的「概念形式」，是專就真理概念本身和真理範疇本身來講的。至於概念和具體事物之間的聯繫，是不屬於「絕對精神」或者「純粹概念」的。這一點理解起來相當困難，我們不妨來看這樣一個例子：

我們平常所講的「有」，只要一提到它，肯定會相應地提到「什麼有」或者「有什麼」。不管是你「有」、我「有」、他「有」還是他們「有」；不管是「有」蘋果、「有」錢、「有」孩子還是「有」家，這些「有」總是要歸納到一個具體的事物上。

但是黑格爾認為，這些「有」只是具體的，只是本質「有」的表面現象。黑格爾的邏輯學就是要研究萬事萬物的本質和核心，那麼研究「有」，就必須上升到它的本質、內在以及真理。所以，這些「有」的共同的本質就「有」這個絕對意義上的、真理意義上的「有」。當我們從絕對精神的角度來看「有」這個概念時，「有」就再也不是具體的表面現象的「有」了，而是純粹的「有」、抽象的「有」和絕對的「有」。

因此，黑格爾的「絕對精神」或者「純粹概念」是拋開概念和具體事物的聯繫，專就概念和範疇本身來講的。

五、「絕對精神」是第一性的

黑格爾的邏輯學是要研究萬事萬物的本質。黑格爾認為，萬事萬物的發生、發展和消亡源於邏輯，即「絕對精神」或者「純粹概念」。正如黑格爾所說：「絕對精神就是萬事萬物的本質。」基於此，在黑格爾看來，正因為萬事萬物的本質和核心就是「絕對精神」、「純粹概念」，所以「絕對精神」或者「純粹概念」具有第一性。要真正弄清楚「絕對精神」的第一性，必須先弄清楚以下兩點：

其一，「絕對精神」的「第一性」並不等同於我們平時所理解的空間概念上的「第一性」。通常我們所講的第一、第二是基於「空間順序」的理解。比如說一支隊伍，小王排第一，小趙排第二，校長排第三——這都是我們基於已有的生活經驗和空間觀念對它們的空間位置所進行的一種理解。但是，黑格爾邏輯學說中的「絕對精神的第一性」並不能就此機械地被理解為：作為真理的「絕對精神」是機械地排在客觀感性事物的前面或者僅僅是空間地位優先於客觀感性事物的。當然，任何與此類似的理解都是站不住腳的。黑格爾所講的「絕對精神的第一性」中的「第一性」是一個抽象的說法。

其二，「絕對精神」的「第一性」並不等同於我們平時所理解的時間概念上的「第一性」。我們平時所講的時間概念上的第一性，並不難理解。只要有一種事物，它的出現在時間上先於任何事物，那麼，它就具有時間意義上的第一性。但是，這裡我們所講的「絕對精神」的「第一性」，並不能這樣機械地理解。並不是說，黑格爾所講的這個「絕對精神」或者「純粹概念」在時間上先於任何感性知覺中的感性事物。

總而言之，這裡所講的「第一性」是抽象的「第一性」，它更表現在「絕對精神是『潛伏』於世間萬物的表象下面的真理」這個「潛伏」的概念上。

黑氏「存在論」

黑格爾的邏輯學包括存在論、本質論和概念論三個部分。

存在論是黑格爾邏輯學的基礎，黑氏「存在論」有範疇的直接性和理念的潛在性兩大主要特點，這兩大特點從根本上決定了黑氏「存在論」的根本性質。

在這裡，為了敘述得更加明確，也為了理解起來更加方便，我們暫且把黑格爾的存在論稱為「黑氏『存在論』」。

黑氏「存在論」有兩大主要特點：

一、範疇的直接性

這裡的範疇指的是黑氏「存在論」裡所講的所有範疇，而其「直接性」則指的是黑氏「存在論」裡的所有範疇是直接「呈現」出來的，它的「表現」不需要透過任何其他事物作仲介就可以自行完成。當然，這裡所講的「呈現」和「表現」並不等同於我們平常所講的「呈現」和「表現」。另外，就黑氏「存在論」裡所有範疇個體之間的關係來講，它們彼此的存在既是獨立的，又是彼此聯繫的，還可以彼此「轉換」。就這些個體範疇之間的「轉換」來講，它們的「轉換」是一種辯證運動，是直接性的「轉換」，是一個直接性範疇直接取代或者消滅另外一個直接性範疇的過程。

二、理念的潛在性

這裡所講的理念是黑氏「存在論」裡所有的具體理念以及絕對理念。「潛在性」則是這些具體理念和絕對理念的一種存在狀態，它們的存在雖然是如上所講的那樣，是直接的，是不需要任何仲介事物來作為載體的存在，但它們的存在還只是一種潛伏狀態。也許，正因為它們是絕對的理念、純粹的概念、絕對的真理，它們的各種特性以及發展的各個方面便只能潛伏於事物的「背面」。

範疇的直接性和理念的潛在性是黑氏「存在論」的兩大特點，其實，它們一起從根本上決定了黑氏「存在論」所有範疇的根本性質。同時，它們也從某種意義上決定了黑氏「邏輯學」所要研究對象的兩大根本性質。

另外，黑氏「存在論」的內容大體包括質、量、度三個方面。我們將在下面的章節具體論述。

質

黑格爾所講的「質」，是「存在」的直接的規定性。

某物體之所以被認為是某種物體，正是因為它本身的「質」。否則，某物體如果不具備規定它成為某種物體的「質」，那麼，它就不可能成為某種物體。黑格爾認為，「質」的發展分為「純粹存在」、「有限的存在」和「自為的存在」三個階段。「純粹的存在」是一個純抽象的概念，也可以用「純存在」、「純有」、「絕對存在」或者「絕對有」等一類詞來表述。它們是研究黑格爾「絕對精神」、「絕對存在」和「絕對概念」的開端，是黑格爾邏輯學的開始。「有限的存在」也稱「限有」，是具有「質」的規定性的存在；是「質」發展的第二個階段；是相對於「純粹的存在」較具體的存在。「自為的存在」就是「自有」，是相對於「純粹的存在」和「有限的存在」更加具體的存在，是「質」發展的最後一個階段。

「質」是黑氏「存在論」的內容的第一個方面，是黑氏「存在論」的基礎性內容。

那麼，什麼是「質」呢？這裡所講的「質」並不是我們平常所理解的「質量」的「質」。黑格爾所講的「質」，是「存在」的直接的規定性。某物體之所以被認為是某種物體，正是因為它本身的「質」。否則，某物體如果不具備規定它成為某種物體的「質」，那麼它就不可能成為某種物體，舉個具體一點的例子：

桃子之所以是桃子，正是由於它具備「桃子」這一類物體的「質」。蘋果不具備成為桃子的「質」，所以蘋果不可能成為桃子。當然，桃子也不具備成為蘋果的「質」，桃子也不可能成為蘋果。這裡所體現的就是「質」的規定性。

黑格爾認為，「質」的發展又分為「純粹存在」、「有限的存在」和「自為的存在」三個階段。

一、純粹存在

「純粹的存在」是一個純抽象的概念，也可以用「純存在」、「純有」、「絕對存在」或者「絕對有」等一類詞來表述。它們是研究黑格爾「絕對精神」、「絕對存在」和「絕對概念」的開端，是黑格爾邏輯學的開始。這裡的「存在」和「有」不能簡單地理解為我們通常所理解的「存在」和「有」。這裡的「存在」和「有」與「我的家是存在的」和「我有一個蘋果」中的「存在」和「有」是不一樣的。

這裡講的「存在」和「有」是完全拋開具體事物的屬性來講的，是一個不與任何規定性和具體內容有關的純粹的抽象概念。我們理解的時候，只能理解為「有」或者「存在」，至於它是什麼顏色、什麼形狀、什麼性狀、什麼樣的量度，甚至它具體是什麼東西，這都和「純存在」或者「純有」沒有任何關係。所以，「純粹的存在」是一個不可感覺、不可描述的純抽象的概念。

從前面的內容我們已經知道，黑格爾的邏輯學的研究對象是世間萬事萬物的本質，即「絕對精神」（也即「絕對存在」、「絕對概念」等）。但是，「絕對精神」是一個抽象的概念，以什麼作為突破口來研究它呢？黑格爾認為，「純粹的存在」應該是邏輯學的開端。那麼，為什麼要以「純存在」作為邏輯學的開端呢？黑格爾認為，能作為邏輯學的開端的東西只能是一種純粹的直接性的東西。任何間接性的東西都不能成為邏輯學的開端。因為，任何間接性的東西都是有規定性的東西，都是經由其他東西規定了的東西，連開端都無法作為，更不能稱之為邏輯學的開端。而「純存在」與之不同，它最大的特點就是「直接」，它不需要任何具體的東西來規定；不以任何東西為前提；不包含任何內容，所以具備成為邏輯學開端的最基礎的性質。所以，黑格爾把「純粹的存在」作為邏輯學的開端，並以此來作為研究世間萬事萬物本質的起點。

那麼，黑格爾又是怎樣以此為起點開始自己的研究的呢？即「有」和「無」。

雖然邏輯學的起點是「純存在」，但是邏輯學的最終目標是要研究世間萬事萬物的本質和核心。這也就意味著，對邏輯學的研究不能在「純存在」上停滯不前。黑格爾認為，作為邏輯學開端的「純粹的存在」既然是個抽象的、不可感覺的、不可描述的、純粹的抽象的概念，那麼，「純粹的存在」也就是「無」，即「純有」的對方也就是「無」。因此，作為開端意義上的「有」（純有）和「無」是合二為一的，是沒有任何差別的。

但是不能就此以為，「有」和「無」在任何情況下都是合二為一的。比如，經過對「有」和「無」的進一步發展，「有」和「無」的意義會發生顛覆性的變化。經過進一步發展後的「有」和「無」與作為開端意義上的「有」和「無」是不一樣的，不能把它們等同起來。發展後的「有」和「無」已經不再是純粹抽象意義上的「有」和「無」，而應該是具體意義上的「有」和「無」了。更明確地講，經過進一步發展後的「有」和「無」，是作為邏輯學開端意義上的「有」和「無」的一個具體的內容和範疇。從作為純開端意義上的「有」和「無」到具體的「有」和「無」的轉變，是邏輯學上的第一個推演過程，正是因為這一推演，邏輯學的真正研究才因此變得明朗起來，即所謂「變易」的過程。

黑格爾認為，不管是從「有」到「無」，還是從「無」到「有」，這個過程就是「變易」。「有」和「無」之間的邏輯就是「變易」；「有」和「無」之間的真理就是「變易」。這樣看起來，「變易」並不難理解，「變易」是個統一體，是「變易」兩端的統一，即「有」和「無」的統一。沒有「有」，就沒有「變易」；沒有「無」，「變易」也無從談起。

講到這裡，必須強調的一點就是，「變易」是黑格爾邏輯學的第一個具體的概念，始終貫穿於黑格爾的邏輯學體系，在黑格爾的邏輯學體系中有著至關重要的作用。同時，「有」、「無」和「變易」是黑格爾的邏輯學的第一組概念。它們雖然在黑格爾整個邏輯學體系的中處於最基層，卻是黑格爾整個邏輯學體系出發點。沒有這一組概念的具體推演，就不會有整個黑格爾的邏輯學體系。

二、有限的存在

「有限的存在」也稱「限有」，是具有質的規定性的存在，是「質」發展的第二個階段，是相對於「純粹的存在」的較具體的存在。「限有」是對「純有」的否定，它不再是純粹抽象的、不可感覺的和不可描述的「純有」，而是具有一定規定性的「有」。例如：

某物之所以是「限有」，是某物，是因為它具備了一定的規定其為該物的確定的規定性。當然，如果某物不具備其成為某物的規定性，那它就不具備成為「該物」的資格，就不能成為某物。

那麼,「限有」是從哪裡推演出來的呢?黑格爾認為,「限有」是「變易」的積極結果。這樣,「限有」也就和前面我們所講過的「純有」既聯繫起來,又區別開了。「純有」是絕對抽象的概念,是邏輯學的開端;「限有」是相對具體的概念,具有確定「質的規定性」的存在。「純有」是「限有」產生的基礎,「限有」是「純有」、「無」和「變易」的積極結果。當邏輯學從「純有」推演到「限有」時,「存在」就變得具體化了。

黑格爾認為,「有限的存在」並不像「純粹的存在」那樣是一個絕對抽象的、單一的存在。「限有」是整個系列的存在。邏輯學裡可以有無限個「限有」。這無限個「限有」可以是互相並列平行,也可以是互相包含的交叉。這樣,邏輯就從「有限」過渡到了「無限」。

從「有限」到「無限」的推演過程,我們也可以看出:「有限」和「無限」實際上是統一在一起、不可分離。黑格爾認為,「無限」不是絕對的對「有限」的否定,而是包含有「有限」的;「有限」又是「無限」的基礎,是「無限」的根,沒有「有限」,談「無限」是沒有任何意義的,因為沒有「有限」就沒有「無限」。

「有限」和「無限」的這種辯證統一的邏輯關係，是由它們彼此的內在的本性所決定的必然。

三、自為的存在

「自為的存在」就是「自有」，是相對於「純粹的存在」和「有限的存在」更加具體的存在，是「質」發展的最後一個階段。當邏輯學從「純有」推演到「限有」，再到現在的「自有」時，邏輯學裡所講的「存在」也就真正地完成了。黑格爾認為，「自有」是完成了的質，是最高等的存在。

黑格爾認為，「自有」是「純粹的存在」和「有限的存在」的統一體，是「純有」和「限有」發展的必然結果。相對於「純粹的存在」，「自為的存在」是具體的；相對於「有限的存在」，「自為的存在」又是更加具體的。「純粹的存在」決定了「自為的存在」的內在屬性；「有限的存在」決定了「自為的存在」的外在屬性。當「純粹的存在」和「有限的存在」最終發展到「自為的存在」時，邏輯學才是有意義的。否則，邏輯學便如「鏡中花」、「水中月」，沒有任何現實的意義。

「自為的存在」有「一」、「多」和「斥力與引力」三個範疇。

黑格爾認為，「自為的存在」就是與自己相關，包含否定的自身聯繫，就是一個自為存在著的東西。也就是說，除了自己，再沒有外在於自己的東西是一個自身的完整的存在。黑格爾進一步認為，「自為的存在」就是「一」。黑格爾對「一」的邏輯推演是從「一」的同一性開始的。黑格爾認為，「一」是單純的自身的聯繫，是與自己的同一。在「一」自身之外，沒有其他東西與之對立。

但是，「一」的同一性並不能否認它自身的否定性。實際上，「一」是自身排斥自身，所以「一」自身是有區別。由於自身對自身的排斥，「一」便推演到了另一個概念「多」，「多」就是「多數的一」，「多」是由「一」自身與自身的排斥造成的。

「一」和「多」之間的邏輯推演是由「引力」和「斥力」完成的。確切地說，「一」和「多」之間的邏輯推演是由「一」本身的「引力」和「斥力」完成的。「一」由於自身對自身的「斥力」產生「多」。但是，作為「一」自身對自身排斥的結果，「多」最終並沒有完全脫離「一」而存在。也就是說，「多」最終因為「引力」而不能完全排斥掉「一」，舉一個相對具體的例子來講：

「大蘋果」和「小蘋果」雖然是不同的蘋果，但是它們不管變成什麼樣子，都最終逃脫不掉它們成為「蘋果」的命運。「大蘋果」和「小蘋果」，它們都因為「蘋果」自身對自身的「斥力」使其相互區別，但是又因為「大蘋果」和「小蘋果」之間的「引力」，使其最終成不了「香蕉」或者「梨子」。再如，「青年人」、「中年人」、「老人」和「小孩」，他們雖然在具體意義上是不同年齡層次的人，但是從根本意義上講都是「人」。

總結黑格爾關於「一」和「多」的邏輯推演，我們應理解以下幾點：「一」和「多」是彼此聯繫在一起的整體；沒有「一」就沒有「多」，「一」和「多」是統一的；「多」是由於「一」自身對自身的「斥力」而造成的，但是「多」最終並不會超出「一」本身，而實際上，「斥力」和「引力」就是這麼一回事。

量

黑格爾認為，「量」是揚棄了的質。量在一定限度內不影響「質」或者「存在」的規定性，任何確定的規定性至少在一定限度內和「量」沒有任何關係。

「量」包括「純量」、「定量」和「程度」三個環節。「純量」是一個相對籠統的概念，指的是沒有被確定的量。「定量」就是有限度的量，「定量」可以分為「數」、「外延量和內包量」和「量的無限」三個範疇。「程度」就是表示度數的，針對「限度」的廣度來講，「程度」表示的是「外延之量」，簡稱「外延量」。針對「限度」的深度來講，「程度」表示的是「內涵之量」，簡稱「內涵量」，而「自為的存在」是「質」發展的最高階段。

一、純量

「純量」是一個相對籠統的概念，指的是沒有被確定的「量」。

既然「純量」是沒有被確定的量，那麼就肯定有一個已經被確定的量與「純量」相對應。黑格爾認為，和「純量」相對應的量是「限量」。「限量」是一個相對具體的概念，是指已經被確定的量。「純量」和「限量」也是辯證統一的，兩者不可分割。一方面，「純量」是「限量」的基礎，沒有「純量」就沒有「限量」；另一方面，「限量」是「純量」的延伸，沒有「限量」，僅僅談「純量」是沒有任何意義的。

為了更明確地理解「純量」和「限量」以及它們之間的辯證統一的關係，我們不妨來看下面這個例子：

我們在談到「時間」的時候，如果不給它限定是「兩小時」、「三小時」或者「五分鐘」等等，那麼「時間」這個概念就非常模糊，是一個沒有被確定的量，是一個「純量」。當然，如果「時間」不能或者沒有被限定為「兩小時」、「三小時」或者「五分鐘」等等的時候，「時間」是沒有任何實際意義的。相反，「兩小時」、「三小時」或者「五分鐘」等等，它們是一些已經被明確限定的量，是「限量」。實際上，「時間」真正發揮它的存在意義的時候，正是它被限定成「兩小時」、「三小時」或者「五分鐘」等等的時候。因此說，「純量」和「限量」兩者是一個辯證統一的整體，兩者缺一不可。

另外，黑格爾還認為，量還可以從「連續之量」和「分離之量」兩方面理解。「連續之量」是針對量自身的同一性來講的；「分離之量」是針對量自身所包含的單位來講的。像「純量」和「限量」的辯證統一一樣，「連續之量」和「分離之量」也是密不可分。一方面，「連續之量」實際上就是分離的，因為「連續之量」是「多」的連續，而「多」如果不是分離的，又何以稱其為「多」？另一方面，「分離之量」也是連續的，這是由量本身的同一性決定的，還舉「大蘋果」和「小蘋果」的例子：

單就「大蘋果」和「小蘋果」來講，它們是「分離之量」；但單就「大蘋果」和「小蘋果」都是「蘋果」來講，它們是「連續之量」。

二、定量

「定量」是從「純量」延伸出來的概念。前面我們已經知道了「連續之量」和「分離之量」的辯證統一關係，那麼，「分離之量」的直接性結果就構成了

「限量」和「定量」。黑格爾認為，量的分離就是「限量」，也就是「定量」。很顯然，我們可以得出「定量」含義：「定量」就是有限度的量。「定量」可以分為「數」、「外延量和內包量」和「量的無限」三個範疇：

黑格爾認為，連續的「限量」自成一體，以區別於其他「限量」。這樣得出「數」的概念：「數」是對「量」、對「限量」的限定。從「數」的角度來理解「限量」或者「定量」的概念，那麼，「限量」就是有「數」的規定性的量。

「數」又分「計算之數」和「記序之數」兩個方面。「計算之數」是計「量」的數，規定量的數目，例如：一個蘋果、兩個雞蛋中的「一」和「兩」；「計序之數」是規定「質」的數，它規定「質」的等級和度數，例如：「第一層樓」和「第三階梯」中的「第一」和「第三」。

「外延量」是某一限量所包含的單位的外在表示，「內包量」是「外延量」所包含的各個單位的具體。當然，「外延量」和「內包量」都是相對而言的，例如：「十個籃子」排成一排，相對於它所包含的「十個不同的籃子」來講，「十個籃子」就是「外延量」，而「十個籃子之中的」每一個「具體的籃子」相對於「外延量」——「十個籃子」來講就是「內包量」。

「外延量」和「內包量」也是辯證統一，「外延量」是「內包量」的基礎，「內包量」是從「外延量」的概念中延伸出來的概念。實際上，「外延量」就是「內包量」；「內包量」也都是「外延量」。

「限量」或者「定量」是指已經被確定的量，表面上看是「有限的量」，是已經受到限制的量。但也並不盡然，「限量」或者「定量」在受到「限定」的同時也不受限制。「量的無限」講的就是「限量」或者「定量」不受限制的性質。具體來說，例如「三分鐘」、「五公里路程」是「限量」、是「定量」，但是相對於「時間」和「空間」這兩個「純量」來講，「三分鐘」、「五公里路程」本身又是無限的，因為可以有無數個「三分鐘」，「五公里路程」。那麼，誰又能絕對說清楚「三分鐘」和「五公里路程」到底是有限的，還是無限的呢？所以說，「限量」和「定量」本身也是相對而言的。而「量的無限」要說明的就是它們的「不受限制」的特性。

三、程度

黑格爾認為，「限度與定量本身的全體是同一的。限度自身作為多重的規定性，是外延的量（或廣量）；而限度自身作為簡單的規定性，則是內涵之量（或深量）或程度」。所以說，「程度」就是表示度數的。「限度與定量本身的全體是同一的」表現在「有多大『限度』，就有多大『限量』和『定量』」。

針對「限度」的廣度而言，「程度」表示的是「外延之量」，簡稱「外延量」；針對「限度」的深度而言，「程度」表示的是「內涵之量」，簡稱「內涵量」。

「外延量」和「內涵量」是相互依存的量的概念。兩者辯證地統一，不可分割。「外延量」是「內涵量」的外在表現，是多重性的，複雜的；「內涵量」是「外延量」的基礎和本質，是單一的，簡單的。沒有「內涵量」也就沒有「外延量」；沒有「外延量」，僅談「內涵量」不現實、空洞無物。

以體溫計為例解釋「外延量」和「內涵量」的關係：

體溫計的讀數相對於它所標示的溫度來講，是「外延量」；而體溫計所標示的溫度相對於體溫計的讀數來講，又是「內涵量」。沒有溫度，就沒有體溫計的讀數，沒有體溫計的讀數，又不能正確標示溫度。所以，體溫計的讀數和它所標示的溫度是相互依存、相互包容，兩者都不能離開對方而單獨存在，這也正是「外延量」和「內涵量」的關係。

度

「度」首先是「質」和「量」的統一體，「質」和「量」都是構成「度」的最基本的環節，「度」就是有「質」的定量。

黑格爾認為，「度」才是「存在論」發展的最高形式，「質」和「量」的概念都是因「度」而存在。「度」又可以分為「特殊的度」、「實在的度」和「本質之變」三個環節：「特殊的度」又分為「特殊的限量」、「特殊化的度」和「度中的自為之有」三個環節；「實在的度」又分為「獨立的諸度的關係」、「度的諸關係的交錯線」和「無度之物」三個範疇；「本質之變」是「度」的最後一個範疇，也是「存在論」的最後一個範疇，是「存在論」向「本質論」過渡的轉折點。

從前面的內容我們已經知道，黑格爾所講的「質」，是「存在」的直接的規定性。黑格爾所講的「量」，是揚棄了的質，在一定限度內不影響「質」或者「存在」的規定性。黑格爾在此基礎上又進一步把「質」和「量」統一為另一個概念——「度」。那麼，到底什麼才是「度」呢？或者說，我們應該怎樣來理解「度」這個概念呢？

黑格爾分析認為，「度」從某種意義上講也是「量」，是一種把「此質」規定為「此質」，把「彼質」規定為「彼質」的「量」。一旦這種具有絕對規定性的「量」發生變化，並且超出某種限度的時候，就會引起「質」的變化，這就把存在論最終又回歸到「質」上面了。「存在論」只有把「質」、「量」和「度」最終結合起來的時候，「存在論」也就走到終點了。黑格爾在《大邏輯》一書中這樣論述「度」以及「度」和「質」、「度」和「量」的關係：

「一切存在著的東西，都有一個度。一切規定的存在都有一個量，而這個量屬於某物本身之本性，它構成某物本身之特性，是它的內在的東西。某物對此量並不是無所謂的，不是當量有了變化，而某物依然如故，而是量的變化會改變某物的質。」

具體來講，關於「度」，黑格爾認為可以從以下三個方面理解：

一、特殊的度

「特殊的度」又分為三個環節：「特殊的限量」、「特殊化的度」和「度中的自為之有」。

「特殊的限量」指的是具有特殊的質的規定性的限量。一物在「特殊的限量」的範圍內，「質」保持不變。「量」的變化一旦突破「特殊的限量」這個限度，就意味著此物會發生實質性的變化，即「質」會發生變化，此物便會變成其他的物。

「特殊化的度」實際上指的仍然是「特殊的限量」。當量的變化達到能使物體的「質」發生變化的「度」的時候，這時候的度就不再是一般的「度」，而是「度」的「特殊化」。

「特殊的限量」和「特殊化的度」實際上講的是同一個問題，但是黑格爾在討論它們的時候，使用的是兩種不同的思維方式，像這樣把一個東西用兩種因素來考慮，就是「度中的自為之有」，例如：

我們用「質量」和「體積」兩種因素來說明「密度」這個概念，「密度」就是「度中的自為之有」；再如我們用「時間」和「位移」兩種因素來說明「速度」，「速度」就是「度中的自為之有」。

二、實在的度

「實在的度」又可分為「獨立的諸度的關係」、「度的諸關係的交錯線」和「無度之物」三個範疇。

「獨立的諸度的關係」主要指互相獨立的事物之間的「質」與「量」的關係，例如：

碳元素和氧元素本來都是彼此獨立的事物，但是當它們發生化學反應的時候，這樣的「量」的變化（也即「度」的變化）能引起兩者之間的反應，從而產生新的物質。在這裡，「碳」和「氧」發生反應的時候，「碳」和「氧」之間的「質」與「量」的關係，就是「獨立的諸度的關係」。

「度的諸關係的交錯線」主要講的是同一物的「質變」與「量變」之間的關

係，黑格爾把同一物的「量變」引起「質變」而產生新物的那個「限度」稱為「量變引起質變的交錯線」。

「無度之物」是說當「量」的變化引起「質變」並產生新物的時候，新物相對於舊物而言，就是「無度」，「無度之物」超出了舊質的範圍。

三、本質之變

「本質之變」是「度」的最後一個範疇，也是「存在論」的最後一個範疇，是「存在論」向「本質論」過渡的轉折點。

黑格爾認為，不管是從「無度」到「度」的變化，還是從「度」到「無度」的變化，這樣的變化都是表現的變化，或者說是狀態的變化。實際上，不管怎麼變化，有一樣東西肯定是不會變的，那就是「本質」：

冰變成了水，水又變成冰，變來變去其實都是同樣的東西——H_2O。二氧化碳氣體變成乾冰，本質上仍是 CO_2。那麼，什麼是「本質之變」裡所講的「本質」呢？本質又是怎麼回事呢？這就過渡到了黑格爾邏輯學的第二個範疇——本質論。

第二章 黑格爾的本質論

「本質論」是黑格爾邏輯學的第二部分內容。「本質論」是建立在「存在論」基礎之上的，旨在透過事物的表面，挖掘事物潛在「底層」、「基礎」、「本質」和「間接面」，這是「黑氏邏輯學」裡相當重要的一部分，有點「方法論」的意思。

「本質論」和「存在論」的範疇是不一樣的，「存在論」的範疇都是直接性的，從認識論角度來講，都是停留在直接的表面層次裡的；而到了「本質論」，認識總是出現一個從「直接」到「間接」的問題。因此，在「本質篇」裡面的範疇都是成雙成對。

「本質論」具體可以分為三個階段：一是「本質自身」，「本質自身」即本質在自身之內的反映；二是「現象」，「現象」是本質表現為它的對象，透過它的對立面來表現自身的階段；三是「現實」，「現實」是「本質自身」與「現象」的統一，是「本質自身」的最終實現。

本質

黑格爾認為，「本質論」發展的第一個階段是本質在自身內部的反思。

實際上，本質在自身內部的反思是一種純粹的反思，是一種內部的還沒有表現為外在關係的反思，是一種絕對的、抽象的反思。本質是絕對的，沒有比本質的本身更深一層次的「再本質」，也就是說，本質自身內部的反思就是最基礎的反思。但正因為本質是絕對的，所以在本質自身的反思階段，本質並沒有表現出來，所以「純粹的存在」就是虛幻的，不真實、不可觸摸、不現實的，甚至可以說是「沒有本質的」。

本質在自身內部的反思的範疇包括同一、差別、根據等等：「同一」是本質自身反思的第一個環節，表現為本質自身「同一」的存在，本質在自身反思階段的自身連繫指的就是「同一」；「差別」是從「同一」推演出來的一個概念，分為絕對的差別、雜多和對立三種情況；「根據」是「同一」與「差別」的統一體，是事物的本質，一切事物的存在，都是有根據的，都不能離開根據而獨立存在。

一、同一

「同一」是本質自身反思的第一個環節。黑格爾認為，在本質階段，「同一」表現為本質自身「同一」的存在；本質在自身反思階段的自身聯繫指的就是「同一」。本質自身最大的特點就是它的「同一性」。

「同一」分為「抽象的同一」和「具體的同一」兩種。「抽象的同一」是拋開任何差別和對立的「同一」，是絕對的「同一」。當然，「抽象的同一」自身的性質也決定了它的「同一性」是片面的，非真理的，是「偽同一」。「具體的同一」指的是在強調「同一性」的同時，把差別也包含在自身內部的「同一」中。黑格爾認為，「具體的同一」把同一性和差別性統一於一體，這才是「真正的同一」。

為什麼把「同一性」和「差別性」統一於一體的「具體的同一」才是「真正的同一」呢？黑格爾認為，哲學是科學的科學，科學的科學是不應該把本質自身的「同一」看作是排斥一切差別性的「抽象的同一」。真理也只有在把「同一性」和「差別性」統一於一體的時候，才是真正的科學。因此，排斥一切差別性的「抽象的同一」是不科學的，是片面的。「真正的同一」應該是把「同一性」和「差別性」統一於一體的「具體的同一」。

二、差別

「差別」是從「同一」推演出來的一個概念，分為「絕對的差別」、「雜多」和「對立」三種情況：

「絕對的差別」也稱為「單純的差別」或者「差異」，舉個例子：蘋果是蘋果，香蕉是香蕉。蘋果和香蕉是有差別的，並且蘋果和香蕉之間的差別就是「絕對的差別」。但是蘋果和香蕉的差別在哪裡呢？我們只知道，蘋果不是香蕉，香蕉不是蘋果，但是蘋果和香蕉的具體差別在哪？我們似乎不是很清楚。那麼，蘋果和香蕉的差別是不是就轉化為「同一」了呢？我們不能這樣理解。但是，我們至少可以知道：「同一」在包含著「同一性」的時候，至少也包含著「差別」的環節；「差別」在包含「差別性」的環節的時候，至少也包含了「同一」的環節。

所謂「雜多」，是指事物各自獨立，紛然複雜，彼此區別而沒有本質聯繫。在「絕對的差別」中，「同一」在包含著「同一性」的時候，至少包含著「差別」的環節；「差別」在包含「差別性」的環節的時候，至少包含了「同一」的環節。於是，「同一」和「差別」在彼此包含的基礎上又彼此獨立，互不干涉。「雜多」指的就是「同一」和「差別」在彼此包含的基礎上的彼此獨立，互不干涉。

「對立」是差別的第三種情況。黑格爾認為，「同一」和「差別」在彼此包含的基礎上的彼此獨立、互不干涉就是「雜多」，也就是「無差異」。「無差異」和「差異」是相對的。在此基礎上，黑格爾進一步推演出「對立」的概念：「對立」就是任何事物都包括「相異」和「不相異」兩種環節的情況。黑格爾還認為，「對立」意義上的差別就是「本質的差別」。黑格爾在他的《小邏輯》中這樣論述「本質的差別」：

「在對立中，有差別之物並不是一般的他物，而是與它正相反的他物；這也就是說，每一方只有在它與另一方的聯繫中才能獲得它自己的『本質』規定，此一方只有反映另一方，才能反映自己；相應地，另一方也是如此。所以，每一方都是它自己的對方的對方。」

很顯然，黑格爾所謂本質的差別，是指肯定和否定兩個方面的差別，這兩個方面各自獨立，相互排斥，但同時又相互關聯，互為前提。難怪黑格爾認為「本質的差別即是對立」。

另外，黑格爾還認為，「對立」是「絕對的差別」和「雜多」的統一體。首先，「對立」包含「雜多」的成分。「對立」的雙方是肯定和否定。「雜多」的成分也包括肯定和否定的對立。因此，「對立」含有「雜多」的成分。其次，「對立」包含有「絕對的差別」的成分。「絕對的差別」是絕對的，單純的差別。例如：甲不是乙，包括甲對乙的否定，也包括乙對甲的否定。「雜多」指的就是肯定和否定的彼此獨立，互不干涉。因此，「對立」包含有「絕對的差別」的成分。正如黑格爾在《大邏輯》中所講：「在對立中，規定的反應或差別達到完成的地步。對立是同一性和雜多的統一體；對立的諸環節在一個同一性中表現為雜多，因而成為對立的。」只有在「同一性」的基礎上，「雜多」才是「對立」的；沒有「同一性」，「雜多」是不可能轉化為「對立」的。

黑格爾認為，「對立」著的任何一方，是必須在承認另一方存在的前提之下才存在自身的，否則，「對立」是不會存在的。從這一點上講，「對立」著的雙方是彼此包容的關係，離開對方，自己便不會存在。另外，「對立」著的雙方是彼此排斥的，因此，「對立」著的雙方又是獨立存在的。

由此，黑格爾在「對立」的基礎上推演出了「矛盾」的概念。什麼是「矛盾」呢？彼此既互相包容又互相排斥，既互相依賴又互相獨立，這就是「矛盾」。黑格爾在它的著作中說：「差異一般已經就是自在的矛盾。」矛盾是「一個事物裡包含著的對立」，對立雙方「既彼此相關，而又彼此漠不相關」。這就是說，一切現實的事物都在自身中包含著相反的規定，是「作為相反規定的具體統一」。黑格爾認為，矛盾比它由之而來的同一、差別、對立等純反思規定具有更高的真理性。

「矛盾」在哲學上是一個非常重要的概念。哲學自從有了「矛盾」，就開始生動起來。黑格爾說：「一切事物都自在地是矛盾……這個命題比其他命題更加能表述事物的真理和本質。」矛盾之所以是更深刻、更本質的東西，就是因為矛盾「是一切運動和生命力的根源；事物只因為自身具有矛盾，它才會運動，才具有動力和活動」。矛盾是一切自己運動的根本，而自己運動不過就是矛盾的表現。「因為自在的肯定事物本身就是否定性，所以它超出自身並引起自身的變化」。

矛盾的存在是客觀而普遍的，它不僅存在於理性中，而且為事物本身所固有。天地間絕對沒有任何事物不具有矛盾，「矛盾是推動整個世界的原則」，而辯證法就是要闡述事物和概念的自身運動和發展，揭示一切運動、生命和事物的推動原則。所以黑格爾說，「本來意義的辯證法」就是「在對象的本質中發現本質自身所具有的矛盾」，可見關於矛盾的思想，在黑格爾的辯證法中占有非常重要的地位。

三、「根據」

在「同一」與「差別」的基礎上，黑格爾推演出了「根據」的概念。黑格爾認為，「根據」是「同一」與「差別」的統一體。根據是事物的本質，一切事物的存在，都是有根據的，都不能離開根據而獨立存在。《邏輯學》裡這樣論述「根據」：

「這一命題通常是說：有了什麼東西，就不能把它看作是有的直接物，而要看作是建立起來的東西；它並不停留在直接的實用或一般的規定性上，而是要從那裡回到它的根據裡。」

從這裡我們可以看出，「根據」就是事物內在的本質，本質實際上就是「根據」。有了「根據」的概念，我們在以後提到任何事物的時候，都要立刻想到它的「直接性」和它的「間接性」。它的直接性就是它存在的根據；它的間接性是因為它的直接性而存在的。

黑格爾把「根據」分為以下三個方面：

(1)「絕對的根據」

因「文」生「意」，「絕對的根據」是絕對的根據關係，也是普遍的根據關係。我們通常講的「形式與本質」以及「形式與內容」的關係都是「絕對的根據關係」。再具體一點講，「絕對的根據」就是對任何事物都實用的根據，是在任何情況下都實用的根據，絕對沒有例外。

(2)「確定的根據」

同樣因「文」生「意」，「確定的根據」是相對於「絕對的根據」而言的，是不同於一般的根據關係，是特殊的、具體的和有確定內容的根據關係。「確定的根據」又分為「形式的根據」、「現實的根據」和「完全的根據」三種。

a.「形式的根據」

「形式的根據」就是指「根據」和「有根據的東西」的絕對統一，就是「底層」和「表層」的絕對統一。在具體論述「形式的根據」之前，黑格爾提到了一個「充足理由律」的概念。黑格爾認為，「充足理由律」宣布任何事物在本質上都是直接的，也就是說，要想說明乙就只有透過甲。「充足理由律」告訴我們，當形式邏輯要求科學研究找到真正的根據的時候，另外還要求不以直接的材料為滿足，即直接的材料不能作為根據。例如在回答「為什麼蘋果能解渴？」這一問題的時候，不能用「因為蘋果能解渴，所以蘋果能解渴」來回答。

但是形式邏輯對「充足理由律」本身的要求缺乏根據。之所以缺乏論證，或者說就是沒有根據的根據，是因為在「形式的根據」裡，「根據」和「後果」實際上是互相來說明對方。或者說，在「形式的根據」裡，就是把「有根據的東西」自身的內容又重複了一遍，而把這一次的重複認為是「根據」，用「根據」和「後果」來互相說明對方的情形，最後會陷於一種沒有結果的同義反覆之中，也就是說，只是限於形式的「論證」。

再例如：「為什麼花朵會開花？」「因為花朵是能開花的植物。」在這個例子裡，既有充分理由，也有充足的根據，但是這裡的充分理由或者充足的根據都是多餘的，都不能從本質上說明問題。

b.「現實的根據」

與「形式的根據」正好相反，在「現實的根據」裡，「根據」和「有根據的東西」，「表層」和「底層」不再是一個內容了，而是從「有根據的東西」回歸到「根據」，從「表層」回歸到「底層」。在「現實的根據」裡，「根據」的內容只涉及「有根據的東西」的一部分內在的本質，而不是從全局上把握事物。「現實的根據」總是從事物的某一部分談起作為根據，因此，不管把哪一部分內容挑出來作為根據，都無法充分說明事物的本質，都不能成為事物的充分根據。

c.「完全的根據」

我們已經知道，在「現實的根據」裡，「現實的根據」總是把一件事物的某一部分內容作為它的根據，因此無論選哪一部分都無法成為事物的「充分根據」。那麼，怎樣才是事物的充分的根據呢？黑格爾認為，把「現實的根據」中已經說出的一部分內容，和那些還沒有被說出的內容結合，並從它們之間的關係的角度來說明事物，才能成為事物的充分的根據，在這裡，黑格爾把這種「充分的根據」又叫做「完全的根據」。

正如黑格爾所講：「現實的根據關係毋寧是被揚棄了的根據；它因此而毋寧成為有根據的東西或者被設定的東西。——它現在是一個有根據的東西，它自己還有另外的根據。」很顯然，黑格爾在這裡所講的「另外的根據」就是「完全的根據」。

另外黑格爾還認為：「由於現實的根據本身回到了它自己的根據，所以在它那裡，又恢復了根據與有根據的東西的同一性，亦即恢復了形式的根據。這樣形成的根據關係是完全的，它同時包括形式的根據與現實的根據於自身之內，而且它使原先在現實根據中彼此無聯繫的內容聯繫起來。」

也就是說，「完全的根據」包括「形式的根據」，因為，「完全根據」的內容與「現實的根據」中的「根據」和「有根據的東西」兩個「內容規定性」完全相同，二者只是「形式上有區別」。

(3)「條件」

這裡的「條件」並不像我們通常理解的「條件」那樣簡單。在這裡，黑格爾認為，條件是根據的範疇，是一種補充的根據，是構成事物及事物之間進行非本質聯繫的因素。在具體論述「條件」的時候，黑格爾把「條件」區分為「相對的無條件的東西」、「絕對的無條件的東西」和「從實質到實存的過渡」三種。

首先，之所以存在「相對的無條件的東西」，黑格爾是針對「條件」獨立於「根據」而言的，因為很多時候，「條件」和「根據」是沒有任何關係。

其次，雖然說「條件」獨立於「根據」，但這並不是絕對的，有時候「條件」可以給「根據」提供機緣，使「根據」發揮作用，這時候「條件」和「根據」就會構成一個統一體。在這個統一體中，「根據」與「條件」兩因素雖然為「條件」，但是這個統一體本身不受「條件」制約，黑格爾把這個統一體稱為「絕對的無條件的東西」。

最後，黑格爾在講「從實質到實存的過渡」的時候，把聯繫「條件」來考慮的「根據」稱之為「實質」。之所以如此，是因為黑格爾認為，當「實質」

具備了一切「條件」時，「實質」就會進入一個範疇——「實存」，這也就是黑格爾所講的「實質先於實存，或者從實質到實存的過渡」。

現象

黑格爾認為，本質論的第二個階段就是「現象」，「現象」是「本質」的外部表現。在「現象」階段，「本質」已經由潛在的「內部自己反映自己」進入到「能表現本質的外部事物之中」。

透過前面的內容我們已經知道：「本質論」的第一個階段是「作為自身反映的本質」，這個階段「本質」還只是潛在的，只是在自己內部反映自己，還沒有進入到反映本質的外部事物——「現象」之中。

首先，現象是本質的表現，本質是現象的基礎。現象和本質之間並不是孤立，而是一個系統的統一體。本質決定現象，指導現象；現象能動地反映本質。對待任何事物，都不能只停留在對其表面現象的認識上，而應該透過其外在的現象深入認識其內在本質。只有這樣，認識才真正地有意義。

其次，本質是實際存在的東西，實際存在就是現象。正因為本質和現象是系統的統一體，所以本質並不是機械地存在於現象之後或者現象之上，而是直接顯現於紛繁複雜的現象之中。雖然，實際上表現或者反映本質的「現象」雜亂無章，甚至轉瞬即逝，但是這並不影響「現象」反映和表現本質。

再次，現象不再是枯燥的、抽象的「存在」，而是活生生的、生動的「有」。黑格爾認為，與抽象的、枯燥的「有」或者「存在」相比，「現象」是生動的、具體的、活潑的。甚至可以說，「現象」是「有」之真理，「存在」之真理。因為，「現象」並不像「有」和「存在」那樣只是單純地「反映」自身，「現象」是具有自身反映和反映他物兩方面特性的。

黑格爾的「本質論」把純粹抽象的本質和紛繁複雜的現象系統地結合起來，在哲學史上有著里程碑式的意義；另外，黑格爾主要透過「現象界」、「形式與內容」和「本質的關係」三個範疇具體論述「現象」階段：

一、現象界

黑格爾認為，現象界就是有許多紛繁複雜的互為依據的「存在」的世界。在現象界，所有的事物都是一個緊密結合在一起的整體。現象界事物的系統結合與互為依賴，主要體現在它們之間演化和結合的規律，即它們之間的規律性。也就是說，現象界的事物雖然是紛繁複雜，但是它們是按照一定的規律結合在一起。講到這裡，黑格爾就引出了邏輯學上的另一個重要的概念——規律。

規律就是現象界事物雜多關係的統一，黑格爾關於「現象界」的論述主要就是圍繞「現象」和「規律」對立與統一的關係展開。

黑格爾認為，「現象」和「規律」是系統結合在一起，兩者既互相聯繫，又互相區別，即統一、又對立。一方面，黑格爾認為，規律並不是現象的全體，並不能把握現象的細節；另一方面，黑格爾又認為，規律從根本上講是現象界紛繁複雜的事物之間的內在的本質關係，一般來講，掌握了現象界事物的內在規律，也就把握了現象界事物的全體。

首先，黑格爾認為：「規律的王國，是現存的或現象的世界靜止的反映。」也就是說，規律並不是完全抽象的和看不見摸不著的概念，而是穩固地存在於現象之中，是和現象有同一內容。當然，規律和現象並不是完全平行的：規律是現象發生、存在、發展和消亡的證據，沒有規律就沒有相應的現象。認識事物、掌握規律也就掌握了現象的本質，且只有抓住了規律才能抓住現象的本質和依據。

其次，我們已經知道，黑格爾認為「規律」和「現象」具有同一的內容，但是黑格爾認為這一觀點並不是絕對的。黑格爾說：「作為與規律相對立的現象，是一個全體，因為它不僅包含規律，還包含著更多的東西，即還包含著自我運動的形式的環節。」也就是說，現象除了包含「規律」之外，還包含著更多的屬於自己的東西。也正是「現象」諸多自身的環節，決定了「現象」必然要比規律更加豐富多彩。這也就說明，規律是一定的，是靜止的，是穩定的，是輕易不會發生變化的；而「現象」相對於規律來講，是運動的，具體的，多樣的，不斷變化著的，這也正如黑格爾所描繪的——「現象比規律要豐富得多」。

黑格爾的這一點認識，對於我們今天的工作（尤其是科學研究工作）有極大的指導意義。我們不管做什麼，尤其是科學研究工作時，絕不能把概念絕對化，而是要在掌握科學規律的同時，要把紛繁複雜、具體的「現象世界」

提到一個高度。因為，我們雖然要透過現象認識「規律」，但我們第一步要面對的畢竟是紛繁複雜的現象世界。

二、「內容與形式」

「內容與形式」的關係，是黑格爾在「現象界」裡所要講的第二部分內容。在具體論述「內容」和「形式」的關係之前，黑格爾重點提出了兩種不同的關於形式的概念：

(1) 外在的形式

「外在的形式」指的是那些與內容不相干的形式。也就是說，形式不管怎麼變化，都不會影響到內容的存在，甚至無法引起內容絲毫的變化。舉個例子：

人穿衣服穿得再破，或者穿得再好，從本質上講都是人，人作為人的「本質（即內容）」不會發生任何變化；相反，即使給狗穿上再漂亮、再華麗的服裝，狗也終究是一條狗，牠不會因為穿了人的衣服而變成人，因為決定牠成為狗的「本質（即內容）」並沒有因為穿了人的衣服而相應地變化。

在這種情況下，「形式」與「內容」不相干，黑格爾把類似這種和內容沒有關係的形式稱為「外在的形式」。

⑵ 內在的形式

「內在的形式」是相對於「外在的形式」而言，黑格爾認為除了與內容不相干的「外在的形式」，還應該有一種與內容直接聯繫在一起的「內在的形式」。「內在的形式」指的就是那些直接影響「內容」存在和變化的形式。黑格爾說「內容即具有形式於其自身」，指的就是與內容緊密聯繫在一起的「內在的形式」。據此黑格爾認為，任何內容都是有形式的，相對於「外在的形式」而言，「內在的形式」是內容內在的規定性，是形式與內容的統一體。

黑格爾認為，「現象界」中的物是一個整體，是完全包含在自身聯繫之中的。那麼，什麼又是物的自身聯繫呢？黑格爾認為，現象的自身聯繫也就是講現象的自身所具有的形式。當然，也正是因為現象自身的這種聯繫，現象才能表現本質；也正是因為現象能表現本質，所以說，形式便是內容，形式便是規律。當然，形式是不自身反映的，從這一點上講，形式是無獨立性的，是變化不定的東西，是與內容不相干的外在的形式。再者，我們在理解內容與形式的關係的時候，還必須弄清楚一點：內容本身也是有一定形式的，即內容的自身就具有形式。當然，內容自身所具有的形式和內容的外在形式是不同的，也正是因為這樣，內容便具有了雙重形式。

具體理解內容和形式的辯證關係，要把以下三方面作為切入點：

首先，內容是形式的內在基礎。任何事物，只有形式沒有內容，便如同鏡中花，水中月，沒有任何意義，比如：寫文章的時候，沒有鮮明的主題思想作為文章的「內容」，形式上即使用再多華麗的詞藻，文章也顯得空洞無物；相反，即使是寫得十分平實的文章，但是如果主題鮮明，也會讓文章顯得感情飽滿，感人肺腑。

其次，形式是內容的外在表現，能動地反映內容。任何事物只有內容，沒有相應的形式來作為外在的表現，那麼，內容就會喪失或者減損它存在的實際意義。任何形式都是對內容的真實反映。認識事物，不僅僅要看到它的形式，還要透過的它的外在形式，深入認識到它的本質（即內容）。形式不僅僅是對內容的機械反映，還是對內容的能動反應。恰當的形式對內容的實際意義的發揮，會造成相當積極的作用。

最後，黑格爾認為，內容和形式是辯證地統一在一起，只有內容與形式徹底適當的統一，現象界的物才能達到完美程度，繼續以上面寫文章的例子來講：一定的主題思想，只有選擇一定的文章體裁，選擇一定的詞藻才能表達得更加完整、全面、生動和感人，而不是一味地堆砌華麗的詞藻，而對文章所要表達的內容置之不理，當然也不能一味直白地敘述主題思想，而沒有任何形式上的修飾，那樣的文章讀起來就沒有新鮮感，味同嚼蠟。

三、本質的關係

黑格爾認為，現象界的東西，不管是形式，還是內容，都是實存的東西。黑格爾認為，現象界實存的東西互相之間的關係歸納起來可以總結為兩條：其一，現象界的東西互相之間是彼此獨立並且是彼此對立的；其二，現象界的東西彼此之間又是互相聯繫的，並且具有同一性。在此基礎上，黑格爾推演出了邏輯學上的另一個範疇——「關係」。

黑格爾認為，現象界的東西彼此之間的獨立性、對立性和同一性的相互聯繫就是彼此之間的「關係」，又稱為「本質的關係」。黑格爾認為，一切事物、一切概念，都在相互關係中；甚至「本質論」中的全部範疇，都是關係的範疇。

黑格爾又說：「規律就是本質的關係。」可見，「本質的關係」和前面的「規律」的範疇是一脈相承的。從「規律」到「本質的關係」的過程，也就是從具體到更加具體的過程。

黑格爾關於「本質的關係」包括「全體與部分」的關係、「力與力」的表現關係以及「內與外」的關係等三個方面的內容：

（1）「全體與部分」的關係

在具體論述「全體和部分」的關係之前，我們必須先清楚兩個問題：什麼是全體？什麼是部分？

在黑格爾看來，「全體」和「部分」這兩個概念，和前面已經論述過的「現象世界」和「自在自為的世界」緊密結合。我們透過前面的論述已經知道：相對於「自在自為的世界」，「現象世界」是多樣性的，當然這種「多樣性」是在「自在自為的世界」的基礎上多樣；而相對於「現象世界」，「自在自為的世界」具有統一性的，當然這種「統一性」是「現象世界」多樣性的統一，黑格爾就是在這樣的基礎上推演出「部分」和「全體」的概念。

黑格爾認為，既然「自在自為的世界」是「現象世界」的統一，那麼相對於「現象世界」，「自在自為的世界」就是「全體」；相對「自在自為的世界」，「現象世界」就是「部分」。「部分」和「全體」的概念就是這樣來的。黑格爾在他的著作中這樣論述「全體」和「部分」：

「一方面是全體，它是構成自在自為的世界的獨立性；另一方面是部分，它是作為現象世界的直接的實存。」

黑格爾的「全體與部分」的關係可以從下面兩個方面理解：

首先，「全體與部分」是辯證統一的關係。一方面，全體是部分構成的全體，是部分的統一體，沒有全體，就沒有部分；另一方面，部分是全體的部分，是全體的個體，是全體的組成因素，沒有部分，也就沒有全體，例如：

一個完好的人體是腦、心臟、肺、胃等器官的集合體；缺少其中一個器官，人體便不是完好的人體，就不能有正常的生理功能。具體到其中每一個器官也是如此，不管是腦、心臟，還是肺、胃、肝等，它們只有在人體這個「全體」的支持下才能正常實現其生理功能，離開人體這個「全體」，任何單一的器官都會在最短的時間內失去正常的生理功能，即使在一定條件下能夠苟延殘喘，這樣的存活也沒有意義。

其次，全體是部分系統地結合在一起的統一體；部分是彼此系統地結合在一起才構成全體的，而黑格爾所論述的「全體和部分」不是形上學的「全體和部分」。形上學的全體和部分是把全體和部分割裂開來，認為全體是部分機械地結合在一起的全體，部分是可以脫離全體而獨立存在的部分，彼此絕對對立；而黑格爾認為「全體」和「部分」不可以機械地割裂。

黑格爾認為，全體不僅離不開部分，即使是同一個全體下的部分也是互相依存，部分只有系統地結合在一起才能構成完美的全體；全體只有系統地把部分結合在一起，才能最終發揮各個部分的作用，從而發揮全體的作用，仍以人體為例：把死人的器官重新機械地組合，仍不能成就新生命，因為死人的器官已經不再是有機體，已經沒有生命，所以它們結合在一起只能是個「死人」。

總之，黑格爾認為，全體和部分是對立統一的辯證關係，不能把兩者割裂。

(2)「力與力」的表現關係

黑格爾認為，以「全體和部分的關係」為內容的全體觀，實際上可以分為「機械的全體觀」和「系統的全體觀」兩種。「機械的全體觀」又可以稱為「直接的外在的全體觀」；「系統的全體觀」又可以稱為「辯證的全體觀」，兩者最大的差別是強調的重點不一樣：「機械的全體觀」重在部分，主張先有部分後有全體，認為全體是建立在各部分「組合」的基礎之上的；而「系統的全體觀」重在全體，主張先有全體後有部分，部分是建立在全體自我分化的基礎之上的。當然，這裡講的「先有」和「後有」，並不是時間上的「先」和「後」，只是強調的重點不一樣。

實際上不管怎樣，「全體」和「部分」都是一對矛盾體。注重部分，強調全體是由部分構成的，那麼全體也就與其現實性不符；而如果注重全體，強調部分是由全體分化而來的，那麼「全」也就不再「全」了。那怎樣解決全體與部分之間的這種矛盾呢？黑格爾在這裡引入了「力」的概念。

什麼又是「力」呢？黑格爾認為，「系統的全體觀」強調全體，認為部分是全體的自我分化的結果，把全體看成系統的統一體，這種「系統的統一體」就叫做「否定的統一體」，也就是「力」。所以「力」就是「否定的統一體」，是解決「全體」和「部分」矛盾關係的萬能鑰匙。

相應地講，「力與力」的表現關係，也就是由全體和部分的關係轉化而來；直接地講，從全體到部分的轉化，也就是從統一性到差別性的轉化，即全體和部分可以互相過渡。但是全體和部分的過渡或者轉化相當複雜，例如：

先是某一個全體過渡到幾個或者是無數個部分；緊接著，劃分出來的每一個部分又隨即成了一個獨立的全體，我們暫且簡稱這一級的全體為「次全體」；「次全體」又可以過渡為幾個或者無數個「次部分」；被劃分出來的「次部分」又是一個「次次全體」，「次次全體」又可以轉化為幾個或者是無數個「次次部分」——以此類推，將會無限地循環下去。這其中的每一次循環都是一個「由全體到部分」的轉化、全體的自我分化、否定的表現。在黑格爾看來，在這每一次循環中的每一個作為上級的「全體」，都是一個否定的統一（或者否定的自我聯繫），而這種否定的統一就是「力」；這每一個循環的上下級之間的關係就是「力與力的表現關係」。

與單純的「全體與部分的關係」比起來，黑格爾認為「力與力的表現關係」既是無限的，也是潛在的。無限是針對「全體和部分」之間的轉化限度而言的，因為循環是無限的，所以「力與力的表現關係」也是無限的。「潛在」是相對於「全體與部分的關係」而言的，相對於實在的「全體和部分的關係」而言，「力與力的表現關係」是潛在的。

另外，之所以說「力」是「否定的統一體」，是解決「全體」和「部分」矛盾關係的萬能鑰匙，是因為「力的表現也就是力的本身」。這句話怎麼理解？

這還要回到「全體」和「部分」的關係上。我們知道：針對「全體」和「部分」來講，全體雖然是由部分構成的，但是當全體轉化或者過渡到部分的時候，全體也就失去其統一性，不再是全體了；但是「力與力」的表現的關係卻並不如此。

力之所以為「力」，正是因為其「表現」，正如黑格爾所講：「力的表現也就是力的本身。」這也正是「力」能解決「全體」和「部分」之間的矛盾關係的奧妙。

(3)「內與外」的關係

「內與外」的關係，是黑格爾「本質關係」的第三部分。

黑格爾認為，從本質上講，「本質關係」的雙方平起平坐，即本質的內容和其外在表現是一樣、等同的，因此力的內容與其外在表現是一致的。力的內容是「內」；力的表現是「外」，有什麼樣的「內」，就有什麼樣的「外」。力的所有的內容都盡在其表現之中，都不能脫離其內容而單獨存在；相反，若把「內」與「外」割裂，認為內只是反映其自身，與「外」絕對對立，而

「外」只是空洞的表現形式，「空有一身臭皮囊」，僅僅是單純的複雜的現象，便是不科學的。

黑格爾關於「內」和「外」的具體論述可以從下面兩個方面來理解：

首先，從內容上講，內與外有同一內容。黑格爾認為，至少也是同一內容的兩個不同方面。「內」是什麼樣的內容，「外」也就表現什麼樣的內容；反之，「外」表現出的是什麼樣的內容，那也就表明「內」具有的是什麼樣的內容。同時，「內」是必然要表現為「外」的，沒有不能表現出來的「內」；「外」也必然是要表現「內」，「外」絕不可能是絕對空洞無物的外在表現。當然，在紛繁複雜的現象界，要想一眼就透過複雜的「外」認識到隱藏在「外」之後的「內」，也相當困難。

其次，從形式上講，「內」與「外」作為統一本質的不同的環節，本質上講是統一的。從簡單的形式上看，「內」與「外」是相對的，並且絕對對立、互不相容；但在黑格爾看來，作為同一事物的兩種不同的環節，「內」與「外」實際上是辯證地統一。「內」的存在只有透過「外」的表現才能被認識，沒有「外」，內的存在沒有什麼意義；「外」的存在必然是要表現某一種「內」的，沒有「內」，「外」也就沒有必要存在，從某種意義上講，外在的表現就是內的表現。

黑格爾堅決反對把「內」和「外」割裂開，「外」和「內」同樣重要，兩者缺一不可。

現實

「現實」是「本質論」發展的最後一個階段。

黑格爾認為，「現實」是由「本質自為的反映」和「現象」兩個範疇發展而來，是「本質自為的反映」和「現象」兩個範疇的統一體。認為「現實」是「本質」的最直接的、最具體的體現，作為「本質自為的反映」和「現象」兩個範疇的統一體的「現實」，是個矛盾的發展過程。在「現實」這一範疇裡，黑格爾重點論述了「可能和現實」、「偶然和必然」、「原因和結果」、「相互作用」以及「必然和自由」等辯證法範疇的內容。

一、可能和現實

黑格爾認為，「本質論」是從以前「同一」、「差別」、「對立」等範疇發展而來，這個過程是一個從抽象到具體的過程。相較於「同一」、「差別」、「對立」等範疇，「現實」這一範疇是具體的，是本質論最重要的環節，也是本質論最終必然要發展到的環節；相較於「現實」這一具體範疇，以前論述過的「同一」、「差別」、「對立」等範疇都只不過是一種假象，一種推定，一種設定。黑格爾認為，「現實」是邏輯學裡最高級的範疇，是存在論和本質論裡所有範疇的總結和歸宿，至於如何具體給「現實」下一個定義，黑格爾說：「現實就是真實的意思，是指一切存在著的真實的東西。」

黑格爾認為，與「現實」相對的是另一個範疇——「可能」，是現實發展的最初級的階段。「現實」並不是突然出現的，而是像其他範疇一樣也有發展過程。當「現實」的發展仍處於最初級的階段時，「現實」是內在、潛在的，還只是一種「可能」。「可能」是現實發展初期的一種狀態，但畢竟還只是一種「可能」，還不能稱為「現實」。從「可能」到「現實」還有一個過程，之所以還不能稱為「現實」，是因為在發展過程中，「可能」有可能失去發展成「現實」的條件，而變成「不可能」。

從同一性的角度來看，現實的同一性是抽象的本質，是抽象本質發展為現實的最初的表現形式。或者說，這種可能完全就是「形式上的可能性」，是一種純粹合乎邏輯的可能性，是與任何具體內容和關係，以及任何外在因素不相關的可能性。正如黑格爾在它的著作中描述的一樣：「凡是不自相矛盾的東西，都是可能的；因此，可能性的王國，就是無窮的多樣性」。

總而言之，黑格爾認為，現實是從可能性發展而來的，如果完全沒有「可能」，就沒有「現實」；但，「可能」仍然是一種內在的現實，還不是真正的現實，並不是「可能」必然要成為現實，而只是一種純粹合乎形式邏輯的設定。「可能」和「現實」的這種關係告訴我們，僅僅從「形式邏輯」的角度斷言「這是可能的，那也是可能的」，完全沒有任何意義。在「可能」還沒有完成向「現實」過渡並，最終變成「現實」的時候，一切「可能」都沒有任何現實意義。

二、偶然和必然

黑格爾認為，「形式上的可能性」最終確定地轉化為「現實」其實是很偶然的，因為並不是所有的「可能」都確定能成為「現實」的。那麼，到底什麼才是「偶然」呢？其實，「形式上的可能」最終轉化成的「現實」是一種單純的可能性的意義，是「現實」的外在方面，也就是「偶然」。

黑格爾在《小邏輯》中說：「一般來講，偶然性是指一個事物存在的根據不在自己本身而在他物，偶然的事物是指這一事物能存在或不能存在，能這樣存在或那樣存在，並指這一事物存在或不存在，這樣存在或那樣存在，均不取決於它自己，而以他物為根據。」

這也就告訴我們，「偶然」的最大特點就是：它是一個現實的東西，但也只是一種單純的可能性，是可能性與現實性的統一。其實，從「偶然」的本源——可能性本身來講，可能性本就是現實單純的內在屬性，本身就是偶然的，僅僅是「可能」的，因而也就是偶然的。再進一步來講，作為呈現在我們眼前的最直接的現實，它本身就是以偶然性的形式出現的。從另外的角度看，「偶然的事物」的出現正好驗證了「可能性」。因為，偶然的事物是現實事物的一個方面，是片面的現實事物。總結起來，偶然事物的出現一方面取決於「可能性」，一方面又取決於外在的許許多多的因素。

當然，黑格爾還強調，既然「偶然」只是現實的一個片面的環節，那麼，就不能把偶然和現實等同起來，認為偶然就是必然，就是絕對。

與偶然性緊密相關的另一個概念就是「必然」。黑格爾認為，「必然」包括過去、現在以及將來發生的事情，也是「可能性」和「現實性」的統一。並且，黑格爾始終認為，必然是純客觀的，取決於內容本身。

在黑格爾看來，必然性包括「相對的必然性」和「絕對的必然性」兩個方面：

(1) 相對的必然性

黑格爾認為，「偶然」的東西既然能夠出現，那麼偶然的東西本身也是包含有某種必然的，只不過偶然的東西所包含的這種必然不純粹，或者需要以其他的外在因素作為條件罷了。於是，與純粹的，絕對的必然性比起來，這種需要以其他外在因素才能成就的必然性，還不能算是絕對的必然性，而只是「相對的必然性」。

(2) 絕對的必然性

「絕對的必然性」是相對於「相對的必然性」而言的。黑格爾認為，既然相對的必然性需要其他的外在因素才能成就其必然性，那麼有沒有完全依靠自身就能完成自身的「絕對的必然性」呢？黑格爾認為，「絕對的必然性」指的就是事物本身內在的確定性，就如黑格爾說的「某物之所以是某物，完全是由於其自身的原因」。這也就告訴我們，在紛繁複雜的偶然性內部，肯定存在確定的必然性，認識事物一定要透過事物之間的外部聯繫找到其內部的確定的聯繫（即其內在的必然性）。

至於偶然性和必然性的關係，黑格爾主要從以下三個方面進行論述：

首先，偶然性是必然性的起始，必然性是從偶然性開始。沒有偶然性，豐富的必然性就沒有辦法表現出來。偶然性雖然只是必然性的一個簡單的存在環節，但也正是這諸多存在這個偶然性的環節，才真正地表現了「必然性」的「必然」。

其次，偶然性本身並不是孤立的，是從屬於必然性的。表面上看，現實中存在著的比比皆是的偶然事物，好像彼此孤立，但是事實上並不如此。單個的偶然性之間是互相聯繫在一起的，它們彼此存在的根據是有確定的聯繫；更應該強調的是，偶然性並不是獨立與必然性之外，而是從屬於必然性。任何偶然性，不管多麼偶然，不管表面上看起來有多麼不可思議，但有一點是一樣的，它們表現的都是必然性，任何一個個體的存在都是必然性存在的一個驗證。

最後，偶然性是必然性表現自己的一種手段。黑格爾認為，偶然性是從屬於必然性的環節，是表現必然性的環節。必然性是透過偶然性來表現和發展自己。沒有偶然性，單純的必然性沒有辦法真正實現自己。

三、「實體和偶然性的關係」

黑格爾在論述「偶然」和「必然」的基礎上進一步斷言：「一切有限之物

都是偶然的。」即：只有無限才是絕對、必然的，只有無限才是所有有限和具體事物的依據。這裡講的「無限」，具體來說就是一切「實在」的總稱，也就是在這一小節裡將要講的「實體」或者「本體」。黑格爾在《大邏輯》中這樣定義實體：「絕對的必然性就是絕對的關係——作為本質和存在的最後統一，實體是一切存在的存在。」

相對於一切實在（即實體）來說，個別的事物就是「偶然」，偶然是實體的體現。

實體和偶然性的關係可以從下面三個方面理解：

(1) 在實體和偶然兩者之中

實體是主要方面；實體是它所有的偶然性的集體，至於它的具體的偶然性的個體，則是無限的；實體是透過它的偶然性表現出來的，因此，實體表現在它的每一個偶然性中；相對於每一個偶然性而言，實體具有絕對的力量。

（2）相對於偶然性的有限性

實體否定任何有限性，是絕對無限的；實體的真實性以及絕對性是透過其否定偶然性表現出來；相對於有限的偶然性而言，實體具有絕對的必然的力量。

（3）相對於單純的偶然性

實體具有豐富的內容，在眾多的偶然性中表現出來的紛繁複雜的內容，都是實體自身的反映；實體表現自己的過程，就是自己不斷地否定自己，最終實現以偶然性來表現自己的過程。

四、「因果關係」

在黑格爾看來，哲學所要達到的應當是絕對的內在必然性，而絕對必然性的事物，在其直接形式下表現為「實體和偶然性」的關係。實體是偶然性的全體，是無限的整體。它的必然性就在於它自身，因而它是一種支配偶然的能動的絕對力量。而偶然性只是實體活動的各個環節，是被動的。實體和偶然性之間的這種能動和被動的關係，也就表現為兩個實體的「因果關係」。

黑格爾認為，因果關係既區別又統一，同時因果關係的轉化又是無窮的。

首先，因果關係中的「因」和「果」是有區別的。黑格爾認為，因果關係中的「因」相對來講是主動的實體，因為它具有產生結果的力量；而與「因」相對應的「果」則是較被動的實體，因為它是被產生的實體。黑格爾又認為，因果關係是必然性的，當然只是必然性的一個方面，也正是因為因果關係這種特性，因果關係說到底仍然只是單純的自身關係。既然因果關係仍然還只是自身關係，「因」和「果」相對來講是有區別的，「因」就是「因」，「果」就是「果」；「因」不是「果」，「果」不是「因」。

其次，因果關係中的「因」和「果」有同一性。雖然說因果關係中的「因」和「果」是有區別的，但仔細追究起來，因果關係中的「因」和「果」不能完全割裂開，試想一下：

在「甲是乙的原因，乙是甲的結果」這一對因果關係中，甲之所以是原因，是因為有了「乙」這個結果；乙之所以是結果，是因為有「甲」這個原因。也就是說，「甲」和「乙」分別是這一因果關係中的原因和結果，但說到底，「甲」和「乙」所指的還都是同一內容。就像黑格爾在《大邏輯》一書中所講的一樣；「結果並不包含原因中所沒有包含的東西。反之，原因也不包含不在結果中的東西。原因之所以是原因，只因它產生結果，不過是這樣一種規定性，即具有結果，而結果也不過是具有原因。原因本身中有結果，結果本身中有原因。」

因此，黑格爾認為，原因和結果至少從內容上來講，彼此是同一而不可分割，可以互相轉化，可以互為因果；另外，從雙方對立的角度來看，甲作為原因，很可能只有在此對應關係中才是原因，離開此對應關係，甲也許就不再是任何因果關係的「原因」了；「乙」作為結果，也很可能是只有在此對應關係中才能作為結果，離開此對應關係，乙很有可能就不再是任何因果關係的結果了。

因此，在一定的對應關係中，原因和結果彼此互相聯繫。正如黑格爾所講：「我們說一物為『因』，僅因其有『果』，說一物為『果』，僅因其有

『因』。由此足見因果兩者乃是同一的內容，而因果的區別只是假定其一則另一相隨的區別。」

最後，從上面的論述我們大致可以得出這樣的結論：因果關係中的原因和結果的同一和分離，分別表現在不同的方面，「因」和「果」在內容上是同一的，在形式上是分離的。這也就決定了因果關係雙方不僅僅相互聯繫，而且可以互相轉化。進而，黑格爾還認為，因果關係的「因」和「果」之間的轉化可以無限進行。黑格爾說：「正是同一事實，一次表現為原因，另一次則表現為結果，在那裡是作為固有的穩定性，在這裡是作為在他物中的建立或規定」。

總而言之，在黑格爾看來，因果關係中的「因」和「果」是有區別的，且有有同一性；不僅如此，因果關係的發生和發展，是一個普遍的、無限進行的過程。

五、相互作用

黑格爾認為，因果關係是必然過程的一個側面。這一必然過程必須揚棄那些包含在這種關係裡的仲介，並表明其自身為簡單的自身關係，所以「原因，真正講來，即是自因」，自己以自己為原因，因和果的差別只是形式上的差別，兩者的內容實際上是同一的。那麼，因果關係的無窮無盡的發展最終體現在哪裡呢？這裡，黑格爾引入了另一個哲學範疇——相互作用。

黑格爾認為，因果關係最終表現為作用與反作用的「相互作用」。「相互作用」就是因果關係的充分發展，體現著原因和結果兩個實體的獨立自為或自我規定的統一性。「這種自己與自己的純粹交替，因此就是顯露出來的或設立起來的必然性。」黑格爾是從哪裡推演出「相互作用」這一範疇的呢？根據前面的內容我們已經知道：因果關係中的「因」和「果」是有區別，且有同一性的；不僅如此，因果關係的發生和發展，是一個普遍、無限進行的過程。

既然因果雙方是同一、可是分離、可互相轉化，那麼因果關係雙方被動的一方就不僅僅是「果」，因果關係中的另一方「因」，就肯定不是在任何情況下都是主動。也就是說：原因在是原因的同時，也是結果，也是被動的；結果在是結果的同時也是原因，也是主動的。

例如在「甲是原因，乙是結果」這一因果關係中，通常認為甲就是單純的原因，乙就是單純的結果，但是並不完全就是這樣；實際上，之所以能產生「乙」這個結果，不僅僅是有「甲」這個原因，更多的時候，被動一方（即結果）自身的因素在「結果」的產生過程中，也占有相當重要的位置，舉一個具體的例子：

用力去撕一張紙，我們通常認為，最後造成「紙被撕碎」這一結果的原因是我們用「力」去撕；但是，若不是因為「紙」能被撕碎，即使我們用再大的力氣也不能把紙撕碎。試想一下：我們用同樣大的力氣，去撕一張紙和一張厚鐵皮，結果就是，紙被撕碎了，而鐵皮卻沒有被撕碎。那為什麼「紙」被撕碎了而鐵皮依然完好如初呢？同樣的原因，為什麼會產生兩種結果呢？原因就在於，被動的一方（紙和鐵皮）自身的因素。

講了這麼多，就是為了說清楚一個道理：雖然因果雙方同一、可分離、可互相轉化，但因果關係雙方互相轉化的過程並不完全是一個「單向作用」的過程，而是一個「原因」和「結果」雙向作用的過程。黑格爾所說「相互作用表現為互為前提、相互制約的實體間的互為因果；如一個實體對於另一個實體來說，既是主動的又是被動的」，說的正是這一道理。

至此，黑格爾認為「因果關係的充分的發展」最終表現為「相互作用」。「相互作用」這一「客觀邏輯」範疇的出現，使得本質論更進了一步，對揭示事物的本質，揭示事物之間的更深層的聯繫有相當重要的意義。恩格斯評價說：「相互作用是事物的真正的終極原因。」

六、「自由和必然」

在本質論中，還提到了一個很重要的範疇，這就是「自由」。實際上，在闡述「現實性」和「必然性」的時候，探討「自由」和「必然」之間的關係難以避免。

傳統的形上學的觀點認為，「必然」和「自由」彼此絕對對立，而表面上看的確如此。既然是必然的，何來自由？既然是自由，又何談必然？但是黑格爾認為，雖然自由是在他物中，自己依賴自己，自己是自己的決定者，但是自由本質上講不排斥必然——「真正的理性的自由概念，便包含著被揚棄的必然性在自身內」；相反，「自由」和「必然」兩者有難以割捨的淵源，是辯證地統一在一起。

首先，黑格爾認為，「必然性」和「自由」兩者之間直接相關，自由是隨著必然性的最終實現而實現的，否則，當必然性還處於絕對的抽象狀態時，自由便也是抽象的，沒有任何實際意義，必然性自身所包含的不同環節，最終必然要透過矛盾的發展轉化為自由。

其次，自由雖然是完全、永遠自己決定自己，但自由是離不開必然，或者說完全、永遠自己決定自己的自由本身就是必然，內在的必然性就是自由。

總而言之，黑格爾認為：「自由」和「必然」肯定不是絕對對立的兩個範疇。絕對的自由本身就是必然，內在的必然性就是自由，必然性自身的不同環節，最終會透過矛盾的發展轉化為自由。

第三章 黑格爾的概念論

在進入概念論的論述之前，黑格爾說了這樣一段話：「假如我們對於任何題材，只依據相互關係的觀點去觀察，事實上是採取了一個完全無概念的態度，即對於事物的本質缺乏概念式的把握，而我們所得到的僅是一堆乾燥的事實。」

黑格爾認為我們對因果關係的認識不能僅僅停留在「相互作用」的階段（即使「相互作用」的範疇是「本質論」裡最高級的範疇）。因為不管是存在也好，本質也好，只有「概念」才能給事物最完美的、最科學的解釋。實際上，也就像列寧所說的那樣：「僅僅『相互作用』等於空洞無物。」所以說，為了使邏輯學的哲學範疇更具體實際，邏輯學的哲學研究就必須更加深入，這也就為「概念論」的研究提供了契機。

「主觀性」

黑格爾「主觀性」的考察內容主要有三個：概念本身、判斷和推論：

概念主要分為「抽象概念」和「具體概念」，「抽象概念」是形式邏輯研究的對象，只是抽象的概括，「具體概念」包含有一切充實的內容，是不同規定性的統一；判斷是和概念直接相關的另一種思維形式，判斷和概念之間是辯證統一的關係，黑格爾大體上按照邏輯學中存在、本質和概念三個階段，把判斷具體區分為「質的判斷」、「反思的判斷」、「必然的判斷」和「概念的判斷」四類；推論是黑格爾在「概念論」裡考察的第三種主觀思考形式，他按照認識的內容由表及裡、由淺入深的矛盾發展過程，把推論分為三個階段：「定在的推論」、「反思的推論」、「必然的推論」。

「主觀性」的主要任務是考察概念本身、判斷以及推論等思維形式。舊的形式邏輯或者形上學的哲學觀點認為，形式邏輯是和認識的內容彼此對立的，互相孤立的，形式邏輯和它所要認識的內容之間沒有任何聯繫；但黑格爾認為，形式邏輯（也即思維形式）是和它所認識的內容緊密聯繫在一起。一方面，形式邏輯應該具有鮮活的內容，否則形式邏輯就是僵死的、沒有任何實際意義的思維形式；另一方面，形式邏輯的發展是隨著實際內容的發展而發展，內容發生變化，形式邏輯也隨著發生變化，否則形式邏輯就不再具有任何時效意義。

實際上，正如黑格爾所講，形式邏輯應該是和它的內容息息相關的，不應該只是研究純概念、純判斷、純推論的思維形式。形式邏輯是應該具有最豐富的實際內容，也只有和實際內容聯繫起來的形式邏輯才富於生命，也才是真正的邏輯學和哲學意義上的形式邏輯。黑格爾在《邏輯學》裡說：「即使僅僅把邏輯形式看作為思維的形式功能，就值得我們研究它們本身在多大程度上符合於真理，一個邏輯若辦不到這一點，它頂多只能要求有按思維現象現有的樣子作自然史式描述那樣的價值。」

黑格爾不僅強調邏輯和真理（即內容）的符合是極為重要的，還認為邏輯和其他所有的學科都應該緊密地聯繫。黑格爾說：「邏輯在最初是作為人們所了解和理會的東西來學習的，但開始時總是難以認識其範圍、深度和進一步的意義。只是由於對其他科學有了較深刻的認識以後，邏輯的東西對主觀精神說來，才提高為一種不僅僅是抽象的共相，還是在自身中包含了豐富的特殊事物的共相——正像同一句格言，在理解上，青年人也許就沒有閱歷很深的成年人理解得深和透。這樣，邏輯的東西，只有在成為諸科學的經驗的結果時，才得到自己的評價；對於精神來說，它從此才表現為一般的真理，不是與其他素材和實在性並列的一種特殊知識，而是所有這些其他內容的本質。」

這說明以下兩點：其一，邏輯本身是抽象的共相；其二，邏輯除了是抽象的共相，還包含著具體豐富的實在內容的共相。人們最初在單純地學習邏輯的時候，總感覺邏輯是抽象的，變幻莫測的，空洞的，沒有任何實際意義的，這就說明，邏輯本身是抽象的共相；可當人們掌握相當的科學知識後再來學習邏輯時，就會發現邏輯本身是富含豐富的具體內容的，是容易理解的，這又說明邏輯不僅僅是抽象的共相，更是包含著豐富的實在內容的共相。

總而言之，黑格爾認為，形式邏輯（也即思維形式）是和它所認識的內容緊密地聯繫在一起的；邏輯和其他所有的科學都應該是緊密地聯繫在一起的，邏輯除了是抽象的共相，還是包含著具體的豐富的實在內容的共相。

「主觀性」考察的內容主要有三個：概念本身、判斷和推論。

一、概念

黑格爾認為，不管是「存在」也好，「本質」也好，只有「概念」才能給事物最完美的、最科學的解釋。而概念包括個別性、特殊性和普遍性三個環節。至於什麼是概念的個別性、特殊性和普遍性，我們可以透過一個例子來說明：

比如我們說「豆」，如果這裡的「豆」不是具體地指紅豆、綠豆、扁豆或者其他的豆子，那麼按理所講的「豆」就是概指，就是普遍的。而紅豆、綠豆、扁豆以及其他種類的豆子是集個別性與特殊性於一身的。

黑格爾認為，概念的個別性、特殊性和普遍性是不可分割的、互相緊密地聯繫在一起。概念的個別性、特殊性和普遍性三者互相依賴，共同構成一個整體：首先，普遍中包含特殊、個別；特殊中包含普遍、個別；個別中包含普遍、特殊。例如上面所舉的例子，「豆」這一普遍的概念已經包含個別或者特殊的概念——紅豆、綠豆、扁豆等；紅豆、綠豆、扁豆三者本身既是個體的又是特殊的；某一粒個體的不管是紅豆、綠豆還是扁豆，它們都首先是豆子（普遍性），自身又是具有不同的形狀的、不同顏色的豆子（特殊性）。

個別性、特殊性和普遍性三個環節是黑格爾全部主觀邏輯的基本規定，貫穿整個概念論，黑格爾也正是圍繞它們三者來發掘判斷和推理思維形式的內在聯繫。

在考察了概念的三個基本環節之後，黑格爾認為，概念主要分為「抽象概念」和「具體概念」。

（1）抽象概念

黑格爾認為，談到「概念」，一定要把「抽象概念」和「具體概念」區別開。在黑格爾看來，抽象概念是形式邏輯研究的對象，只是抽象的概括。抽象概念的特點有：抽象概念是排斥差異的，只承認共同之處；抽象概念相對來講是比較空洞的，並且越抽象的概念，所指的範圍就越廣，內涵就越少。抽象概念拒絕任何具體的、個別的以及特殊的「一般」和「普遍」；相對於具體的概念，抽象概念是主觀的，變幻莫測的甚至就是空洞無物的。抽象概念的許多特性決定了它僅僅是劃分「大此（此概念）」與「大彼（彼概念）」的手段，僅僅是在「類」和「類」之間劃分區別。雖然抽象事物在總體上把握事物有相當重要的哲學意義和實際意義，但是就認識和掌握具體的真理和事物而言，抽象概念是遠遠不能完成任務的。

比如，「豆」這一個普遍性的概念，人們在具體談到「豆」的時候，一般總是要具體提到到底是「紅豆」、「綠豆」，還是「扁豆」這些具體的概念。而只能把「豆」從成千上萬的事物中分離出來、相對比較抽象的概念「豆」，在很多時候並不能扮演「豆」的角色。

⑵ 具體概念

在黑格爾看來，抽象概念的特徵正是要在「此」和「彼」之間劃分區別，樹立界碑，正是要「對每一思想，加以充分確切的把握，而絕不允許有絲毫空泛和不確定之處」。黑格爾說，「認識當前的對象而得其確定的區別」，這是認識之不可缺少的初步階段，而形式邏輯的抽象概念在思維中所起的作用就在於此，這也就是抽象概念的「權利和優點」之所在；不過，抽象概念對於認識和把握具體真理而言，總是不夠。現實世界是一個多方面相互聯繫著的系統整體，是一個不斷發展著的過程。當我們在認識現實世界的時候，僅僅用相對而言比較空洞的「抽象概念」是不能完成「認識」和「掌握」真理的這一任務的。要想掌握現實生活的真理，就必須運用與「認識的內容」相一致的思維形式——「具體概念」。

那麼，什麼是「具體概念」？「具體概念」又是怎樣與「具體的認識的內容」相一致的呢？黑格爾認為，「具體概念」包含有一切充實的內容，是不同規定性的統一；進一步來講，「具體概念」並不堅持絕對的界限，也不是絕對孤立、靜止的。相反，「具體概念」最大的特徵是發展和互相轉化。和「抽象概念」不同，「具體概念」自身的特徵決定了它能夠與認識的內容保持一致。

表面看來，形式邏輯層面的抽象概念和辯證邏輯層面的具體概念相互矛盾，因為形式邏輯層面的抽象概念意在「彼」和「此」之間劃分確定的界線，認為「彼」和「此」不能互相過渡和轉化；而辯證邏輯層面的具體概念「不分彼此」或者「亦彼亦此」。但事實上並非如此，在黑格爾看來，具體概念的各個環節雖然是可以互相轉化的，但是從另一個角度看又不是完全可以混淆在一起的，也即：「具體概念」的各個環節彼此之間也不是沒有區別，也是可以區分。

總而言之，黑格爾認為，概念既是抽象的又是具體的。一般來講，概念本身就是一切規定性的體現，本身就是主體自身，這也就決定了概念本來就是具體的；另一方面，一切具體的事物，不管它具有如何豐富的內容，都不可能具有概念那樣的內在的自身統一，所以，概念也天生就是具有抽象性。

事實上，黑格爾在這裡所講的概念的抽象性和具體性問題，也就是普遍性和特殊性的問題。在黑格爾看來，普遍性和特殊性兩者是密不可分的統一體。普遍性是特殊性的本質，普遍性與特殊性不能完全對立起來，否則，普遍性就會脫離特殊性變為抽象的普遍性而最終失去概念的本身屬性。所以說普遍性是寓於特殊性之中的，而特殊性只是普遍性的特殊化、是普遍性的具體表現。例如「個體的事物」本身就是普遍性和特殊性的統一，一方面，普遍性只有透過個別的特殊的事物才能取得具體的表現形式而最終實現自己；另一方面，個別的特殊的事物只有在普遍性中，才能找到它現實存在的基礎、根據和真實的內容。

二、判斷

黑格爾在「概念論」裡考察的第二個思維形式是判斷。那麼，什麼是判斷呢？黑格爾認為，判斷是和概念直接相關的另一種思維形式。判斷和概念之間是辯證統一的關係。

首先，黑格爾認為，判斷是概念的內在區別，是概念的特殊化，是對概念的特殊規定，是對概念的具體內容的具體規定。從概念的本質上講，概念雖然是具體的，但概念的本質是同一的，是整體。因此，沒有判斷，概念相對來講是比較籠統的。判斷能對概念加以合理地區別，能把概念的各個具體的部分區別。判斷的出現，讓原本較為籠統的「概念」變得更加具體了。

其次，概念是判斷的前提。黑格爾認為，判斷雖然從某種意義上說是對概念的內在規定，但是從判斷本身產生的角度來講，判斷的產生是離不開概念這個基礎的，因為「判斷」是在「概念」的基礎之上的一個概念，沒有「概念」，無所謂「判斷」，「判斷」也就沒有規定（判斷）的對象，失去了其存在的意義。

黑格爾在對「判斷」這一思維形式進行論述的時候，還以「判斷」為基礎，對形式邏輯和辯證邏輯進行了區別。

在具體論述「判斷」這一概念的時候，黑格爾在批評了形式邏輯的缺陷的同時，強調了辯證邏輯的作用。在黑格爾看來，形式邏輯對判斷的理解是外在的，也是靜止的。依照形式邏輯的觀點，判斷是靜止的、偶然的，根本不可能證明由概念到判斷的發展進程；相反，辯證邏輯看問題是運動的，從辯證邏輯層面上看，任何事物都有一個發展的過程，而概念就好比一切生命的源泉，永遠處於自身與自身的區別和統一之中。辯證邏輯層面上的概念自身的分化作用，把概念自身區別為了一個一個相互聯繫的發展環節，這就是判斷的實質所在，這也是「判斷就是概念的特殊規定」。

針對形式邏輯和辯證邏輯關於概念和判斷的關係，黑格爾認為可以歸納為以下兩點：一方面，辯證邏輯把判斷看作概念的發揮、規定和陳述，形式邏輯把判斷看作兩個固定概念間的外在連結；另一方面，辯證邏輯把概念到判斷的轉化看成是一種必然進展的過程，形式邏輯把判斷與概念看成同等平行的外在關係。

很顯然，前者所研究的思維形式是現成的、固定的，後者則是和內容緊密聯繫、活生生的。在黑格爾看來，辯證邏輯所要把握的具體概念，是包含有充實的具體內容的，是「絕對運動，好似一切生命的脈搏，因而自己區別其自身。這種由於概念的自身活動而引起的分化作用，將自己區別為它的各環節，就是判斷。因此，判斷的意義，就可認作概念的特殊化。無疑的，概念已是潛在的特殊性。但在概念本身裡，特殊性尚沒有顯明地發揮出來。」

也就是說，思維形式從概念發展到判斷的過程，和認識內容的矛盾發展、自我分化（或明白發揮）的過程是一致的。

總而言之，黑格爾認為，概念和判斷是內在地聯繫在一起。思維形式從概念發展到判斷是一個必然的過程，這也正是辯證邏輯思維形式和內容相一致的具體表現；與此相反的是，形式邏輯從不會從內容的內在聯繫和矛盾中看待判斷，只是機械地把「判斷」視為靜止的，根本不可能把判斷看作是概念進一步發展的必然結果。

另外，黑格爾還認為，在理解「判斷」的時候，切不可把「判斷」和另一個哲學概念——「命題」混淆在一起。

黑格爾認為，判斷和命題是有區別的。一方面，判斷有真假，命題有對錯，真理是事物符合自己的概念；另一方面，判斷是說明概念，涉及本質，所以是真，命題都不涉及本質，只涉及一些不重要的地方。判斷要規定、發揮、說明概念，真的判斷，要符合概念，符合它的本質。而命題只是表述主詞的一種特殊狀態或行動罷了。

黑格爾大體上按照邏輯學中存在、本質和概念三個階段，把判斷具體區分為「質的判斷」、「反思的判斷」、「必然的判斷」和「概念的判斷」四類。從實際內容的角度來說，黑格爾是按概念的三個環節論述判斷形式的進展，即第一類是個別的判斷，第二和第三類是特殊的判斷，第四類是普遍的判斷。

(1) 質的判斷

「質的判斷」又稱為「限有的判斷」、「存在的判斷」或者「直接的判斷」。因為在黑格爾看來，「質的判斷」首先就是「限有的判斷」，它的謂詞只限於普遍性的、直接的、感性的質，為此，「質的判斷」也可以叫做「直接判斷」。黑格爾認為，「質的判斷」可以是肯定的，也可以是否定的。一般來講，「質的判斷」就是對個別事物的某種感性的「質」進行肯定或者否定；從本質上講，「質的判斷」不涉及概念的內容，只是單純的形式意義上的肯定或者否定。例如：「西瓜是甜的」，這就是一個簡單的關於西瓜的「質的判斷」，只是對西瓜的一種直接的、外在的、限有的屬性進行了判斷，並沒有從「西瓜」這種植物的本質意義上對西瓜進行研究。

（2）反思的判斷

相對於「質的判斷」，「反思的判斷」不是直接的。「反思的判斷」不僅對共同的「質」作判斷，而且對一物與他物之間的關係也作判斷。也就是說，「反思的判斷」不僅「反思」自己，而且還「反思」與自己聯繫在一起的他物。具體來講，「反思的判斷」的「謂詞」與「主詞」的關係不是直接的而是間接。在「反思的判斷」裡，謂詞不像「質的判斷」裡一樣指直接的抽象的質，即：「反思的判斷」的「主詞」與「謂詞」的關係，不僅僅是自身直接的質的關係，更是「主詞」透過「謂詞」表明自身與另一事物的聯繫。例如：

我們在「質的判斷」裡說，「西瓜是甜的」，這只是說明了西瓜的一種直接的屬性，所以這只是一個單純的「質的判斷」，但是如果我們說，「西瓜能幫助人們解渴」，在這一個判斷裡，我們並不僅僅是從西瓜自身的直接屬性來考察西瓜，而是過渡到了西瓜的外物（即人）的關係來考察西瓜的屬性，這就是一個關於西瓜的「反思的判斷」。

黑格爾認為，所謂的「本質」就是指在一物與他物的關係中考察事物自身，而「反思的判斷」正滿足了「本質」這一特徵，因此黑格爾認為，「反思的判斷」相當於概念發展的本質階段。因此，相對於「質的判斷」來講，「反思的判斷」從更深層次上具體地敘述了「具體概念」的內容，是深刻內在的。

當然，「反思的判斷」也有它自身的不足之處，例如「反思的判斷」自身雖然超出了主詞的個別性，涉及到了自身與周圍其他事物的關係，但是，「反思的判斷」畢竟還只是抽象的、純理智的思考方式，並不能表示出主詞的真實的概念，不能真實地反映客觀，不能對客觀的內在本性進行真理意義上的揭示。

至此，黑格爾又對「反思的判斷」的不同的發展過程中的單稱判斷、特稱判斷和全稱判斷進行了區別。具體怎麼理解這三個概念呢？我們不妨來看幾個例子：「這種植物是有毒的。」——這就是一個「單稱判斷」。這一判斷中的「這種植物」既是單一的，又是普遍的（含有普遍性）。

既然「單稱判斷」中的主詞既是單一又是普遍的，那麼「單稱判斷」中主詞的「單一性」，就會因為「普遍性」而使得「單稱判斷」過渡到「特稱判斷」，也就是說不僅僅是只有這種植物有毒，而是很可能有其他種類的植物也有毒，繼而得出「有些植物是有毒的」這一「特稱判斷」。「特稱判斷」的不足之處，在於它只是主詞的一種外在的規定，雖然超出了單一性，但是很不確定，也就是說，「特稱判斷」自身還包含有否定性，具體到例子中就是指「還有些植物是沒有毒的」。也正是因為「特稱判斷」自身的這種不確定性或者否定性，「特稱判斷」最終會過渡到「全稱判斷」。

「全稱判斷」是既超出了單一性，又具有確定性的。例如：「凡是動物，就都會有死的那一天的。」這是一個「全稱判斷」。很顯然，「全稱判斷」不僅僅是外在的表面上的全稱，而且由形式的數量的全稱判斷，達到了內在的本性上的全稱。在「全稱判斷」中，主詞是個別事物集合起來達到的全體，是一個永遠也不會達到滿足的全體。

從本質上講，單稱判斷、特稱判斷以及全稱判斷之間的對應關係，也就是個別性、特殊性和普遍性之間的對應關係。「全稱判斷」中的「全」代表普遍性，是個別事物的根據和本質，例如我們前文講到的那個例子：「凡是動物，就都會有死的那一天的。」但就某一個動物來講，牠既是個別的又不是個別，因為牠不僅是個別存在的動物，同時還是與其他動物發生聯繫的動物，或者說該動物的個別性不是孤立，而是在一定意義上從屬於牠的普遍性，繼而從牠的普遍性中得到提高。普遍性是個別事物的根據和基礎（即概念是事物的本質），沒有普遍性，就沒有特殊性，更沒有個別性；特殊性和個別性是普遍性的具體表現，這也正是個別性與特殊性、普遍性的內在聯繫。

(3) 必然的判斷

「必然的判斷」是「反思的判斷」的進一步發展，「必然的判斷」和「反思的判斷」同樣相當於概念發展的「本質」階段，不過，「必然的判斷」比起「反思的判斷」來更有必然性，它更深刻地、更具體地陳述了主詞的內容與特性。在黑格爾看來，「判斷」不應該只停留在形式上，而應該深入到判斷的「實質」，因此判斷發展到主張判斷「主詞」與「謂詞」的同性、使得判斷關係轉變為必然關係的「必然的判斷」是必然的。黑格爾認為，在「必然的判斷」裡，「謂詞」所陳述的應該是「實體的規定性」。

黑格爾認為，必然的判斷包括形式邏輯所說的直言判斷、假言判斷、選言判斷三種形式。

「直言判斷」就是指在「謂詞」中包含有「主詞」的本性，或者說包含有具體的普遍性。我們知道，普遍性自身就有否定自身的本質屬性，因此，「謂詞」便表示排他性的本質規定。「直言判斷」的邏輯形式是這樣的：甲是……或者乙是……。

例如：我們說「菊花是植物；小狗是動物。」這裡所講的「菊花」、「小狗」是「偶性」，而「植物」、「動物」是內在屬性、是實體。相對於「菊花可供觀賞」、「小狗可以看家」這樣的「反思的判斷」，「菊花是植物」、「小狗是動物」就是必然的判斷。當然，「菊花是植物」、「小狗是動物」這樣的必然的判斷仍然比較抽象，因為它沒有具體說明「植物」、「動物」這些概念的具體屬性，還只是一種主詞不包含賓語的全體的判斷。因此，「直言判斷」仍必須向前發展過渡到「假言的判斷」。

「假言判斷」就是指主詞和謂詞各有其獨立的現實形式，而其同性質的東西則是內在的，也就是說，一方的現實性就能表示對方的存在。一般來講，「假言的判斷」的邏輯形式是這樣的：如果甲是……則乙是……

「假言的判斷」的結論是仲介性的，是以「直言的判斷」為前提發展而來，它必然要依靠一個前提原因。「假言的判斷」包含有直言、疑問、假設、問題，以肯定為基礎，在範疇上表示為原因與結果。

在概念外化的過程中，「主詞」與「謂詞」的同一性同時建立起來，這就是指「選言判斷」。黑格爾認為，在「選言判斷」裡，「主詞」和「謂詞」都具有普遍性。並且，這裡的普遍性是一個循環的圓圈，最初表現為「類」的循環，並會慢慢發展成「種」的循環。「選言判斷」的邏輯形式是這樣子：如果甲不是「此」，那麼甲就是「彼」。

例如：「詩不是史詩，就是劇詩或抒情詩。」選言判斷所要說明的「類」，實際上是統一的，不是「彼」就是「此」，但是在「種」上是互相排斥的，主詞與賓語二者完全同一，或者說普遍性適應於特殊性之中。在這裡，「類」與「種」的關係表現為：類是種的全體，種的全體就是類。實際上黑格爾在這裡所講的「類」與「種」的關係，也就是普遍性與特殊性的關係，或者說是普遍性與特殊性的統一，也就是「概念」。

(4) 概念的判斷

在「選言判斷」裡黑格爾認為，類是種的全體，種的全體就是類，這實際上就是特殊性與普遍性的統一。而特殊性與普遍性的統一就是概念。因此，「必然的判斷」最終過渡到「概念的判斷」是必然的。黑格爾認為，「概念的判斷」應該是關於真理價值、本質、善、美的判斷，應該對所判斷的對象作出一定的價值上的判斷，也只有對對象的價值作出判斷，才能使判斷與實踐發生關係。

黑格爾認為，「概念判斷」是客觀的，有必然性（因為它是從必然的判斷發展而來的），同時像概念所講得那樣，必須要說明的是它所要判斷的對象是否符合其本性、概念，以及符合到什麼程度。例如：「這花長得不錯。」在這一概念判斷裡面，謂詞「不錯」表述了「主詞」──「花」的一種生長的狀態，是對所指的對象──「花」的生長狀態的一種價值上的肯定。也就是說，這「花」沒有長成其他樣子，符合這「花」的概念、本性。這就是概念判斷的最基本的特徵。在黑格爾看來，要作出一個真正的概念判斷，就必須對所要表述的對象有一個相當深刻、相當具體的認識，必須從本質上把握所要表述的對象的概念。也正因為概念的判斷具有這些特徵，「概念判斷」才應該被認為是最具價值的判斷，應列在判斷分類表中的最高級。

黑格爾認為，概念判斷包括「確然的判斷」、「或然的判斷」和「必然的判斷」三種：「確然的判斷」是對「對象」的存在狀態進行確認的一種判斷，也就是確定「存在」還是「不存在」；「或然的判斷」是對所表述的對象的可能性進行確認的一種判斷，也就是確定「可能」還是「不可能」；「必然的判斷」是對所表述的對象存在的必然性進行確定的一種判斷，也就是確定「對象」的存在是「必然的」還是「偶然的」。

在黑格爾看來，「概念的判斷」應該是以概念為內容，也就是說應該以簡單形式下的全體為內容，或者說應該以普遍性和它的全部規定性為內容。在「概念的判斷」的發展初期，應該表現為確然判斷。

「確然的判斷」是以個別事物作為主詞，而以普遍性與特殊性是否一致為謂詞。確然的判斷並不一定具備獨立的可靠性，最初只表現為主觀的特殊性。在確然的判斷的最初階段，由於它的直接的主詞裡還沒有包含特殊性與普遍性的聯繫，所以它完全可以為另一論斷所反對。也正是因為確然的判斷完全是確定的言論，與之相反的爭論也就在所難免。這樣，確然的判斷也就自然而然過渡到或然的判斷。而或然的判斷就是指還不能完全肯定的「是」與「不是」的判斷，是指對象是否絕對符合概念本身的判斷。由於「或然的判斷」是處於一種不確定的狀態，所以最終會過渡到有確定意義的必然的判斷。

「必然的判斷」也像「確然的判斷」一樣最終也是會對所表述的對象有一個肯定的判斷，但是不同在於，確然的判斷是主觀意義的肯定，而必然的判斷相對來講是客觀的肯定，是具有說服力的，下面看這樣的一個例子：「這座建築是完美的。」這是一個確然的判斷，具有肯定的意思，但這裡肯定的主觀意義非常明顯。由於這裡的肯定相對來講是「主觀」的，因此就會有反對言論「為什麼這座建築是完美的？」引起爭辯，最終導致「這座建築也許是不完美的」這樣一種不確定的狀態，發展到「或然判斷」。而必然的判斷是經過深思熟慮，或者經過一定的實踐而最終作出「這座建築是完美的，因為它不同的風格和獨特建築理念」這樣必然的判斷。

最後，黑格爾認為，「概念的判斷」實際上就是空虛的聯繫詞「是」的充實化，是聯繫詞「是」的邏輯內容上的擴充，試想一下的確如此，概念的判斷裡的主詞與謂詞自身其實就是整個判斷，概念就是主詞與謂詞的統一。事實上，當概念被區分為主詞與謂詞兩方面時，概念即是兩者的統一。

三、推論

「推論」是黑格爾在「概念論」裡考察的第三種主觀思考形式。黑格爾認為，推論是概念和判斷的統一體；判斷是以概念的個別、特殊和普遍三個環節為基礎，從偶然向必然推演的過程，是比判斷更能表現概念完整性的思維形式。這樣看來，「推論」雖然是在「概念」和「判斷」的基礎上進行的，但是概念和判斷也正是在推論的過程中實現自己的：概念在推論的過程中慢慢地完成自己；判斷在推論的過程中實現對概念的終極判斷。黑格爾提出「推論」的思維形式就是為了表明下面這一點：一切事物都是推論。黑格爾認為，推論是最合理的，一切事物的存在也是合理的，所以，一切事物都是推論。當然，黑格爾這裡所說的「一切事物都是合理的」也就相當於說「一切事物都是個別、特殊、普遍三個環節的統一」。

同樣，黑格爾對形式邏輯的推理也作了相應的批判。

一般來講，形式邏輯中的推論即三段論法，也可以看成是理性思維的形式。但是三段論法不涉及推論的內在聯繫，只涉及主觀的形式，例如：理性原則、理性行為、理念等之間的聯繫根本沒有涉及。也就是說，形式的推論與理性的內容毫不相干，形式的推論根本上就是以不合理的方式來表述理性。現實生活中，我們一談到理性，就覺得這只是一個非常抽象的概念，根本不會把理性的實質以及它與推論的關係聯繫起來理解；其實，從本質上講，理性的內容和思維規定性兩者是緊密地聯繫在一起，不可分割。具體來講，理性的內容和思維規定性兩者的關係，可以這樣表述：

理性，具體的理性只有透過思維的規定性才能真正表現出來；思維的規定性，只有具體能表現理性內容的思維的規定性才是有存在意義的。總而言之，理性的內容和思維規定性兩者是互相依存，把推論的內容只限於形式的三段論法不可能把握理性的實質。

在此基礎上，黑格爾又對「知性推論」和「理性推論」作了區分。

黑格爾認為，一般來講，形式邏輯裡各種推論概念的各種規定彼此對立著。作為這種推論的兩端，即個別性和普遍性以及連結它們的「特殊性」，彼此實際上是抽象、對立的，因為它們之間的聯繫只是簡單的外在聯繫，而不是本質意義上的內在聯繫，黑格爾把這種推論稱為「知性推論」。在黑格爾看來，從形式上講，知性推論是理性的，但實際上是沒有概念的，知性推論有時候把主詞與個別性相聯繫，有時候是把普遍性從屬於一個外在於它的主詞；與知性推論相反，「理性推論」裡的概念的各個規定之間是有著內在聯繫，「理性推論」的主詞反映著普遍性即概念自身的同一。黑格爾認為，只有反映著普遍性自身的同一的主詞才是真正的主體，也只有在這樣的主體裡，才能真正達到理性推論。

針對「知性推論」和「理性推論」，黑格爾認為，不應該把它們對立起來，實際上是聯繫在一起的。「知性」是概念的抽象形式，而理性是概念的真實的本質。黑格爾認為，概念不能僅僅是知性的，也不能僅僅認為是絕對理性的。從本質上講，形式邏輯的推論本身並不是理性，而是知性，而真正的概念則既是「知性」又是「理性」。黑格爾認為，如果把「知性」和「理性」完全隔離，把它們完全理解成兩種不同的概念完全錯誤。如果我們在人是具體事物的時候，只是停留在「知性」的表面，不可能達到認識的本質、完成認識；但是，要真正深入到理性的深度，「知性」又是必不可少的一個步驟。

黑格爾按照認識的內容由表及裡、由淺入深的矛盾發展過程，把「推論」分為三個階段：「定在的推論」、「反思的推論」和「必然的推論」。

一、「定在的推論」

「定在的推論」也可以叫做「質的推論」，是個別性透過特殊性而與普遍性相連結的過程。正如黑格爾所說「這種推論中的各項完全偶然，那作為抽象特殊性的中項只是主詞的任何一種特質」。也就是說，「定在的推論」，是指一個屬於個別性的詞透過特殊性這個仲介與一種普遍性結合在一起。在這裡要注意一點，這裡所講的主詞與謂詞都不只是單純的個別性或普遍性，況且這也不重要，「定在的推論」所要注意的更是與「質的推論」有關的規定性，舉個例子：「這個房子很高。」在這個句子中，謂詞「高」只是說明主詞「房子」的一個特性——高。至於主詞「房子」的更多其他特性，這裡所講的謂詞「高」並沒有說明。

在「定在的推論」裡，就像例子所講的一樣：「主詞尚有許多別的特質。因此它同樣可以與許多別的普遍性相聯繫。」所以說，在「質的推論」裡，主詞與謂詞都不只是單純的個別性或普遍性。也正是因為如此，「定在的推論」揭示的只是一些事物的表面現象或者偶然的特性，甚至只是隨便點到了主詞（即對象）的一些個別的特性，並不能直達事物的內部本質。在黑格爾看來，這種推論的形式可造成的直接結果就是從同一的推論的對象出發，可以得出許多不同的結論。總之，「定在的推論」是一種只在乎「質」和「量」的推論，不會直接涉及概念本身，認識程度相對較低，必然還要向前發展。

二、「反思的推論」

在黑格爾看來，由於「定在的推論」的認識程度相對較低，推論必然要由

「定在的推論」過渡到「反思的推論」。這是因為推論裡所講的「個別性就是特殊性」和「特殊性就是普遍性」，最終肯定是會達到統一。黑格爾認為，在概念式的統一裡，個別性實際上是可以被理解為普遍性，並且「個別性」和「普遍性」的統一不是抽象的而是具體的，甚至可以說就是概念自身發展的統一。在「反思的推論」裡，並不像「定在的推論」那樣，只是隨便抓住主詞的一些個別的特性，或者偶然的屬性加以發揮，而是更深刻地接近事物，或主詞對象的內在本質。「反思的推論」又可以分為「全稱推論」、「歸納推論」和「類比推論」三種形式。

具體來講，「全稱推論」是建立在「歸納推論」的基礎上，為什麼這樣講呢？因為「全稱推論」的前提本身就已經給出了結論的內容，而結論本身已經假定前提是對的，例如：凡是綠色植物都能進行光合作用，狗尾草是綠色植物，所以狗尾草也能進行光合作用。

「歸納推論」又是建立在「類比推論」的基礎上，因為推論的中項是不可能把個別性都表述完的。「類比推論」中的中項反映著個別性的本質。例如：

狗尾草是綠色植物，楊樹是綠色植物，狗尾草和楊樹都能進行光合作用，所以綠色植物都能夠進行光合作用。

最後是「類比推論」，黑格爾認為，「類比推論」是以普遍性為中項的推論。當然，這裡所講的普遍性是個體的本質的屬性，「類比推論」就是透過這一本質屬性推出別的事物也具有這一屬性。例如：狗尾草是綠色植物，狗尾草能進行光合作用，楊樹也是綠色植物，楊樹能進行光合作用。實際上，從本質上講，「類比推論」的過程並不是一個嚴謹的推理過程，但是「類比推論」卻在經驗科學發展中占據相當地位的推論方式，意義不容小覷。

三、「必然的推論」

「必然的推論」是以「共相」作為中項，它揭示的是事物的本質屬性和必然性。「必然的推論」裡所透過的仲介——「共相」實際上指的就是某一類事物的本質。也就是說，對於某一類事物來講，凡是這一類事物就都具備這一特性；相對來講，凡是不具備這一特性的事物就都不是這一類事物。「必然的推論」包括直言推論、假言推論、選言推論三種形式。單就推論的單純的抽象性來講，它是以「普遍性」作為仲介的，針對「直言的推論」而言，特定的類或者特殊的種是統一普遍性和個別性兩個極端的仲介；針對「假言推論」而言，「個別性」既是仲介又是極端之一。而在選言的推論裡，普遍性則既成了全體又成為了個體。

「客觀性」

黑格爾認為，概念由「主觀」到「客觀」的這種過渡是必然，概念不可能一直保留在「純粹主觀」的狀態，概念只有過渡到客觀，才有現實意義。黑格爾就是用「客觀性」，說明概念由「主體」過渡到「客體」的過程。

我們通常一提到「主體」，就自然而然地想到：既然是主體，這所謂的主體就肯定有相應的對象，或者叫客體與之對應；相反，一提到「客體」的時候，我們自然也會想到肯定還有相應的主體與這所謂的「客體」相呼應。在這裡，黑格爾所講的「客觀性」就是由主觀性引申出來的。黑格爾認為，概念是主觀的，但是這並不影響概念由「主觀」向「客觀」的過渡，概念自身實現的結果就是客觀，或者說，實現了的概念就是「客體」。

但是，我們必須強調的一點就是，黑格爾在論述主觀和客觀關係的時候，有明顯的客觀唯心論的傾向，這也是黑格爾邏輯學的最大特點。黑格爾認為，「主觀」是能動的主觀性，它不會永遠僅僅停留在主觀層面，而是會辯證地發展，最終突破自身的限制進入客觀狀態。從客觀的角度來看，黑格爾認為，所有的客觀都是主觀的「外在表現」。黑格爾的邏輯學研究到這裡，有意無意地回答了世界的本原問題：世界的本原是主觀的，一切事物都是主觀的外在體現。

當概念由「主觀」辯證地發展，最終進入「客觀」的時候，「主觀概念」的「普遍性」、「特殊性」和「個體性」也最終轉化為客觀性的「機械性」、「化學性」和「目的性」。

一、機械性

黑格爾說：「相互連結的事物間的關係，對各個事物來論是外來的，它不涉及各事物的本性，儘管這種關係有著把它們聯合為一的假象，它仍然不過是混合、雜湊、堆集如此等等。」事實上，正如黑格爾所講，機械性就是指事物之間只有外在的、表面的關聯，沒有內在的、系統的聯繫。黑格爾又認為，機械性可分為「形式的機械性」、「偏向的有差別的機械性」和「絕對的機械性」三種形式。

(1) 形式的機械性

從實質上講，黑格爾在「形式的機械性」裡所表述的，也就是事物之間的主體與客體的對立。在這裡，黑格爾認為，主體是外在於客體的，從客體的外面決定和支配客體。而紛繁複雜的客體本質上只是主體機械的外在，是機械的雜多。從客體的角度來講，推動機械性的客體實際上是一種盲目的衝擊力量，主體與客體的關係是外在的。在黑格爾看來，對於表面的、感官的、表象的機械性的認識之所以沒有任何意義，就在於它把主體和客體的關係看成了純粹的機械性的關係。

很顯然，機械性地看問題存在很大的弊端，但是機械性是不是就因此而沒有任何意義了呢?絕非如此。黑格爾認為,人類在觀察可觀的世界的時候,從某種意義上來講離不開機械性,事實上也正是如此。即使是在科技發展進步的今天,機械性也在很多領域有著相當重要的作用,例如在物理學領域和生物學領域;再如,我們從小所形成的習慣就是具有機械性的。當然,不可否認的是,即使機械性的存在有一定意義,但是它的存在也只是處於一種從屬意義上的地位,並不會起主導作用。例如黑格爾說:「但我們卻不可忽視一點,即在這些範圍(指上面所講的物理學和生物學領域)之內,機械定律已不復是決定的原則,而僅居於從屬的地位。」

這也就是告訴我們,不能完全忽視機械性,但是我們又不能神化機械性,正確的做法是我們不應該僅僅停止在機械性的階段。這也就是說,我們每一個人都有自己機械性的習慣,但卻沒有一個人能單純地依靠這些習慣生活下去。正如黑格爾所講的一樣,機械性「既不能使我們透徹了解自然,更不能使我們透徹了解精神世界……例如:光、熱、磁、電等現象,便不能夠僅用單純的機械的方式(如壓力、衝力等)所可解釋。把機械的範疇轉用到系統的自然裡，將更顯得不充分，假如我們要理解生物界的特殊物質如生長、營養甚或動物的感覺的話」。

所以說，機械性自身的特性決定了它只能處於認識的一種初級階段，只是一種膚淺的認識世界的方式。

（2）偏向的有差別的機械性

黑格爾認為，從某種意義上講，客體同時是孤立的又不是孤立的。為什麼這麼說呢？其實，作為潛在的概念的客體，從自身的同一性來講，客體自身的否定與自身相結合，是孤立的；但是從客體不可避免地要受外力支配的角度來看，又不是孤立的，這是因為客體自身的孤立性排除不了它的獨立性。也就是說，客體的獨立性與它的非獨立性相互聯繫，但是兩者並不是絕對平等的，在更多的時候是客體的獨立性有著主導作用，而非獨立性有著從屬意義上的作用。

那麼，客體的獨立性是什麼？它又是怎樣與外在的事物聯繫在一起的呢？黑格爾認為，客體的獨立性也就是客體的主觀性，這就決定了客體自身與外在事物有著聯繫。或者說，事物就是在與他物的互相聯繫中來顯示自己。這也就是說，群體的獨立性，只有與它的非獨立性互相聯繫起來才能最終被認識，黑格爾把客體的這種特性稱為「偏向的或有差別的機械性」。

(3) 絕對的機械性

「絕對的機械性」是由前面兩種機械性發展而來的。黑格爾認為，前面所說的主客體之間的關係經過充分的發展，最終會形成一種推論。事物內在的否定會使客體的獨立性與非獨立性在這種推論中聯繫在一起，並最終由相對的進展為絕對，繼而發展到「絕對的機械性」。在這裡，黑格爾所講的絕對的機械性實際上就是「自在自為的機械性」，例如：太陽系作為一個集體是一個「自在自為的機械性的集體」，地球也是作為一個集體而存在的「自在自為的機械性的集體」；但是，機械性本身的特性決定了它只能認識事物的表面，只能達到認識的最初級的階段，它最終會發展到「化學性」。

二、化學性

我們已經知道，單純的「機械性」關係，僅僅是一種「外在的關係」。在「機械性」關係裡，依靠「機械性」相互關聯著的事物之間在本質上彼此隔離。也就是說，在「機械性」關係裡，彼此相關的事物即使脫離了「機械性」關係，也仍舊可以保持各自原來的本質屬性。

與「機械性」相反，我們現在所要學習的「化學性」則不然。黑格爾認為，「化學性的對象便顯得完全與他物相聯繫」。也就是說，在「化學性」的關係裡，一事物的本性完全依賴於它和別的事物的關係，如果沒有它和別的事物的互相關係，那麼該物便不成為該物。或者說，在「化學性」裡，彼此互相關係著的事物的性質最終是合而為一。

這樣一來，「機械性」和「化學性」這兩種客體的不同形式的區別也就非常明顯了。在「機械性」的客體裡，事物間的聯繫只限於外在關係，相互處於一種不相干的自身關係的狀態。例如：作為整體的太陽系就是一個「機械性」客體，因為在太陽系裡雖然有很多星球，但是這些星球只是靠一種簡單的機械性的運動關係聯繫在一起，太陽系的各個星球之間的關係很明顯只是一種外在關係，一種簡單的機械關係。而在「化學性」裡，事物間的聯繫已由外在關係進展到內在關係，客體與他物則處於一種絕對的相互聯繫的狀態，甚至沒有這種關係這種客體就不會成立的狀態。也就是說，在黑格爾看來，「化學性」反映著事物之間的內在聯繫，化學性的客體是相互聯繫的、各自完整的絕對動力。

具體可以從以下幾個方面理解「化學性」，黑格爾認為，機械性的東西（應同機械的對象）和物理的力學的東西（物現的對象）要區別開。在《小邏輯》中特別強調這一點，機械客體是外在的不相干的，化學性小客體，處於相互聯繫之中，引起化學變化。

化學的過程有兩方面：

（1）化學的過程可以是兩個不同的客體的結合，最後產生中性的東西。例如氧氣和氫氣經過化學反應成為水。這個層面上的「化學性」具有中和的作用，是兩個對立面的結合，從某種意義上講，化學概念體現了辯證法。

（2）化學的過程也可以是分解、還原的過程，例如水經過化學反應分解成氫氣和氧氣。

總而言之，化學過程就是從一個形式到另一個形式的變化，具體來講可以有分解和化合兩種主要的形式。但是，化學過程並沒有辯證法，並沒有本質意義上的發展或者提高，更沒有辯證的分化和發展的誘導原則存在於其中，因此只是表面上的「辯證法」，是不徹底的辯證法，是辯證法的假象。另外，黑格爾認為，「化學性」過程並不是單單發生在自然中。精神生活、社會生活等意識生活領域中，也可以有化學作用。

三、目的性

黑格爾認為，「機械性」和「化學性」只是「自然的必然性」。在「機械性」和「化學性」裡，「概念沉沒在外在性中」，也就是說在這兩個階段，概念（或主觀性）還只是「潛在的」。由於「機械性」和「化學性」階段的概念還只是潛在的，這也就給概念的進一步發展造成了可能。黑格爾認為，「機械性」和「化學性」階段的概念最終會突破「機械性」和「化學性」的外在性束縛，而「得到解放」，達到「自覺」，最終發展到「目的性」階段。

在黑格爾看來，「目的性」是從「機械性」和「化學性」發展而來，是

「機械性」與「化學性」的統一。在「目的性」裡，「機械性」與「化學性」都得到昇華，個別性、特殊性、普遍性真正地結合，三位一體，成為有辯證的運動。

另外，黑格爾認為，目的性是對客觀性的否定，是獨立自為的存在。我們知道，在精神生活裡，當精神提高到神性的時候，精神同時也就否定了客觀的偶然事物和精神自身的主觀性兩極端。黑格爾認為，這種類似於精神生活的否定性在目的性裡也是存在的。目的性最終達到獨立自為的存在的過程，就是對客觀性的否定的過程；並且，在黑格爾看來，目的活動的最主要的特點，正是表現在它對直接的主觀性與直接的客觀性兩個極端的否定。也就是說，「目的性」的實現過程與「目的性」自身的矛盾的發展過程是一而二，二而一的。

在具體論述「目的性」的時候，黑格爾主要區分了兩種「目的性」：

第一種「目的性」，是指「單純存在於意識內，以主觀觀念的方式出現的一種目的」。黑格爾認為，真正的客觀事物本身並沒有真正屬於自身的目的與存在的使命，它們現實的使命「只是被使用或被利用拿來作為工具」，例如：

我們用木頭來做家具，用棉花來做衣服，用糧食來充饑。這些客觀對象的

「目的性」就只是「被利用拿來作為工具」，只是「一般的實用的觀點」，實際上並「不能達到對於事物的性質之真切的識見」。由於這種「目的性」是在事物自身之外，所以黑格爾又把它稱為「外在的目的性」。

第二種「目的性」，是相對於第一種事物自身之外「外在的目的性」而言，事物自身之內的「內在的目的性」。那麼，什麼是在事物自身之內的「內在的目的性」呢？我們不妨再回到上面的那幾個例子中：「我們用樹木來做家具，用棉花來做衣服，用小麥來充饑。」我們之所以說例子中所言的這些客觀事物的「目的性」是外在的，是因為它們的「目的性」不是針對它們自身而言。「用樹木來做家具，用棉花來做衣服，用小麥來充饑」都不是木頭、棉花、糧食本來的目的，這些「目的」本身是外在於樹木、棉花和小麥的。從樹木、棉花和小麥自身的目的看來，它們的目的並不是為了讓自己成為家具、衣服或者為人類充饑，它們的終極目的就是讓自己成為樹木、棉花和小麥。在這裡，黑格爾認為類似於「樹木、棉花和小麥讓自己成為樹木、棉花和小麥」的目的，就是在事物自身之內的「內在的目的性」。與事物的「外在的目的

性」相比較，「內在的目的性」的意義在於真正地了解事物本質。因為黑格爾認為，概念是事物的核心和本質，也是事物的「內在目的」。

黑格爾認為，「目的性」的實現過程可以分為以下三個階段：

一、主觀的目的

黑格爾認為，主觀目的就是自為存在的概念，它本身就是一個全體，包含著概念發展的各個環節：

（一）它是一個包含一切但尚無區別的普遍性；

（二）它是第一個環節的特殊化，也就是說，第一個環節在這裡有了特殊化的內容；

（三）普遍性最終回到自身，自己與自己相結合的環節。「目的」在主觀性裡的這三個環節決定了目的最終必然會過渡到客觀。例如：我們在具有某一目的的時候，就意味著我們會接受某一決定而放棄另外的決定，這本身也就意味著我們的「目的性」最終是會由主觀過渡到客觀的。因為目的性本身意味著去成就某個目標，而這裡所講的某個「目標」本身是客觀的。但是不管怎樣，黑格爾認為，在主觀的目的的階段，概念同客體尚處於對立地位，概念只是客體追求的理想。

二、工具或者手段

「工具」或者「手段」是實現目的的方法，是目的性從「主觀」到完全實現自己的橋梁。黑格爾認為，主觀的目的要最終實現自己，過渡到「實現了的目的」，並不是一蹴而就的事情，而是會經歷一個「有目的性的活動過程」。黑格爾認為，支配主觀的目的要最終實現自己的活動的力量，就是概念或目的本身。也就是說，在「工具」或者「手段」階段，日的是支配對象的力量，是「內在的活動力量」，是使對象（客體）成為完成目的自身的「工具」。黑格爾又把這個階段稱為「有目的性的活動過程」的階段。

三、實現了的目的

「目的性」的實現過程的最後一個階段是「實現了的目的」。黑格爾認為，「實現了的目的」是主觀性和客觀性的顯著的統一，是「主觀的目的」透過「工具」或者「手段」實現自己的最終結果。在具體論述「實現了的目的」的時候，黑格爾談到了一個著名的論點——「理性的狡計」：「概念」為了使自己作為目的實現於客觀事物之中，總是裝作不參與客觀事物的樣子，而實際上卻躲藏在事物的內部，把事物當作工具，讓不同的事物按自己的性格與要求各行其是，互相衝突，互相抵消，其結果，卻不是實現了各個事物自己的要求，而正好是完成了「概念」自身的目的，這就叫做「概念的狡計」或「理性的狡計」。

總而言之，實現了的目的，就是主觀與客觀的統一，是目的與對立的客體的統一；但是，在「實現了的目的」的「主觀性」與「客觀性」的統一裡，主觀性與客觀性的片面性最終都會被揚棄，最終占主導地位的仍然是主觀性。這是因為「目的的實現」的過程也，就是客觀性為主觀性所克服的過程。當然，任何有限目的的實現都具有偶然性，最終都是要消逝的，但「實現的目的」又會成為達到別的目的的「工具」或「手段」。

從機械性、化學性以及目的性的邏輯關係來看，主觀的要求、計劃、理想都是目的，目的代表主觀方面；工具表示與主觀對立的客觀方面；機械性、化學性是實現目的的手段；目的性是機械性和化學性最終的歸宿；概念發展到「實現了的目的」的階段，就真正達到了概念辯證的發展階段。

最後，黑格爾在客觀性部分裡的論述，尤其是關於目的性的論述是非常唯心的。但是，黑格爾在論述主觀性與客觀性的辯證關係、由主觀性過渡到客觀性以及理性的技巧等問題時，裡面所貫穿的「辯證思想」仍值得重視。

「理念」

黑格爾在這裡所講的理性就是「理念」。黑格爾認為，「理念」等於理性，並且是永恆的理性。

理念在透過「手段」或者「工具」活動的時候，一方面參與具體事物的活動，讓具體的事物按照自己的意志活動；另一方面，「理念」的參與是潛在參與，「理念」悄悄地把自己隱藏在具體事物的後面，並不直接參與具體事物的互相影響、互相揚棄的活動，只是讓具體事物自身來實現「目的」。當然，這個「目的」並不是直接「實現目的活動的事物自身的」目的，而是隱藏在具體事物之後間接參與「實現目的活動」的理念的目的。

總而言之，黑格爾認為，理念的統一是辯證的對立統一，是一個複雜的發展過程，即是全部的具體的真理的展現和認識的過程。具體來講，理念的發展經歷了生命、認識和絕對理念三個階段。

在講「實現了的目的」的時候，黑格爾講了「理性的狡計」。也就是說，「概念」為了使自己作為目的實現於客觀事物之中，總是裝作不參與客觀事物的樣子，而實際上卻躲藏在事物的內部，把事物當作工具，讓不同的事物按自己的性格與要求各行其是，互相衝突，互相抵消，其結果，卻不是實現了各個事物自己的要求，而正好是完成了「概念」自身的目的。「理性的狡計」最終使主觀達到客觀，使客觀達到主觀目的。

正如黑格爾所說得那樣，「理念是合適的概念，是客觀性的東西，或真理的東西本身」。深究黑格爾在「理念」這一概念所講的具體內容，實際上就是一種「真理觀」。那麼，具體來講什麼是真理呢？在黑格爾看來，真理實際上就是客體符合自身概念的狀態，或者說就是概念與客體的統一，即：凡是具有真理性的東西，都是因為它的「實在性」，都是因為它們符合它們自身的概念，真實的存在——「是如此」符合概念中的存在——「應如此」。相對地，不真的東西，不具有真理性的東西，就是它們的實在性不符合它們的概念；就是概念與客體的沒有達到一定的統一；就是真實的存在——「是如此」不符合概念中的存在——「應如此」。黑格爾認為，不真的東西最終都要毀滅。

另外，黑格爾認為，理念的內容應該包括概念的所有規定。說到底，理念應該是自己決定自己，自己反映自己，自己返回到自己。針對紛繁複雜的客觀世界來講，理念是客觀實際的真正的內容；一切的客觀存在都是以理念作為存在基礎或者實體，受理念支配。

黑格爾說，理念等於真理。也就是說，一切現實的事實，只要符合理念，那麼它就是真理。相對來講，一切真理性的現實事物都是因為它自身的理念。但是黑格爾在具體論述真理的時候卻是很不嚴謹的。例如黑格爾舉例子說：某朋友之所以為朋友，是因為該朋友符合一般所理解的朋友的概念；某國家之所以為國家，是因為該國家具有「國家」這一概念應該具有的所有屬性；一件藝術品之所以是一件成功的藝術品，是因為它具備了一件成功的藝術品應該具備的所有屬性。也即：朋友、國家以及藝術品只有符合它們相應的概念的內容，才能是真的朋友、國家或者藝術品，才是「真理」意義上的朋友、國家或者藝術品，否則就將是符合其他概念內容的事物。

表面上看，黑格爾所論述的「理念等於真理」這一論點很有道理；實際上，在唯物論觀看來，黑格爾在這裡掉進了一個「本末倒置」的泥淖之中。試想一下，從唯物論的角度看，朋友、國家以及藝術品，甚至家庭、蘋果、桌子等客觀事物的概念，並不是本來就有的，而是人類在長期的生活過程中從現實事物（朋友、國家、藝術品、家庭、蘋果、桌子等客觀事物）中抽象和概括出來的，它們只是反映了現實事物的真實本質（這是唯物論的觀點）。所以說，唯物論認為，衡量事物的真實性的標準並不是根據概念，而是根據現實事物的真實本質。真理只能是思想概念符合於客觀事物，而不是客觀事物符合於思想概念。所以說，黑格爾的「真理觀」，是唯心論的真理觀。從另一個角度來看，黑格爾所講的真理觀，實際上是反映客觀事物本質的概念或者理念的混淆。為什麼這樣講呢？試想一下，黑格爾一方面認為真理是客觀事物對概念的符合，另一方面又認為真理就是理念，就是概念。

最後，黑格爾還著重把「形式的真理」和「較深意義的真理」區分開來，認為我們的認識不能僅僅停留在對事物表面現象的認識上，而應該深入到事物的內部具體認識事物的本質。事實上，在西方哲學史上，一直有哲學家否定對事物的普遍性與規律性的認識，認為只有對簡單事實的認識才是真理，而黑格爾在這一點上作出了自己的見解。在具體論述這一點的時候，黑格爾認為理念是一個發展過程，並且不是一個簡單的過程，而是一個辯證發展的過程，是一切思想範疇發展的最後成果；但是，理念同時又是自身發展的辯證法，是自身發展的成果。一般來講，「有」、「本質」、「概念」、「客體」等哲學概念都是把理念當作目的，當作內在的發展動力。當然，從範疇發展的角度來講，「有」、「本質」、「概念」、「客體」等哲學概念在把理念當作目的的時候，又是從一定意義上構成理念自身矛盾發展的階段，構成自己內部的系統的範疇。

總而言之，黑格爾認為，理念的統一是辯證的對立統一，是一個複雜的發展過程，是全部的具體的真理展現和認識的過程。由此，理念的發展經歷了生命、認識和絕對理念三個階段。

生命

黑格爾將「生命」理解為「理念」的「直接性形式」，即生物有機體的本身，既是主體又是客體。而作為「理念」的第一階段的「生命」，就是這種主體與客體的「直接同一」——既是靈魂又是肉體。生物體在它的這一思維領域中最終完成了個體化與生命化的統一。

毫無疑問，生命在黑格爾的詮釋下成為了一個活生生的個體。在他的思想中，靈魂是作為「概念」存在的，而肉體則是它的實現形式。黑格爾就這樣在他的學說中把靈魂和肉體完美地結合成了一個統一體，而不再去繼續做「關於靈魂是否獨立存在」的無休止的爭論。這也體現了他的理念——「分立性是不實在的」。因為按照黑格爾的見解，世界並不是一些各自完全自立的堅固的單元——不管是原子或靈魂的集成體。生命就是由個體自身內部的運動和聯繫開始發展，繼而達到個體與外部自然的聯繫，從而取得實體的普遍性，最終達到「內」與「外」的統一，黑格爾將這種「內」與「外」的統一稱為「族類」。

這樣一來，我們就不難理解黑格爾為什麼會將「生命」理解為「理念」的「直接性形式」。當「靈魂」以概念的形式存在於人的肉體中，即肉體和靈魂的結合，也就是普遍性與個別性的結合。人單純的肉體表現出各種不同，但這種表現只是外在的，也即被否定的。只有作為概念存在的靈魂與其結合後，才會顯示出其真正的、真實的差別。正如黑格爾在其著作《美學》中所闡述的：「凡是始終都只是肯定的東西，就會始終都沒有生命。生命是向否定以及否定的痛苦前進的，只有透過消除對立和矛盾，生命才變成對它本身是肯定的。」黑格爾認為，人的肉體最終還是要摒棄其外在的客觀性，而回歸到其內在的主觀性去。

生命的直接性形式即是「靈肉的結合體」，人的生命也就存在於靈魂與肉體的這種矛盾發展中。這種辯證的發展過程，其實就是自身與自身結合的過程。這裡所講的「結合」既包括作為肉體內各器官互為目的、互為手段的結合，也包括靈魂與肉體的結合。任何生命都不能離開其直接存在——即個體的現實存在。但這種單純的存在卻不能稱其為生命，因為生命的本質在於它是活生生的，只有與靈魂相結合，才能算得上是鮮活的存在。這種存在與理念的直接性密切相連，是理念的直接性的特殊化，引發了一個生命個體的開始；理念的直接性的揚棄，又導致了一個生命個體的結束。生命即是一個活生生的個體、靈魂與肉體結合與分離的過程。在生命延續的過程中，靈魂和肉體始終作為一個系統的組成部分而存在，而只有在一種特殊的情況下，生命和肉體才會真正分離成為不同的組成部分——死亡。

黑格爾一直致力於強調肉體與靈魂在概念基礎上的統一，因為在他的觀點中，只有這種統一，才是生命的系統統一。黑格爾在《美學》裡說：「如果根據尋常的意識來看生命是什麼，我們就一方面得到身體的觀念，另一方面得到靈魂的觀念，對兩方面都分辨出一些不同的特性。身體與靈魂的這種區分對於哲學研究也是極其重要，我們在這裡也得研究它，不過靈魂與身體的統一的關係也同樣重要，而且對於哲學思考一向就是一個極難的問題。正是由於這種統一，生命才形成理念在自然界中最初階段的顯現。所以，我們不應把靈魂與身體的統一理解為單純的互相聯繫在一起，而應把它看得更深刻些。我們應把身體及其組織看成概念本身的有系統的組織外現於存在，這概念使生物的一些定性在生物的肢體中，得到一種外在的自然界的存在。」

生命之所以被黑格爾稱之為直接性的理念，就是因為作為概念的靈魂貫穿於個體的全身，也就「以自身的肉體為工具，透過身體達到目的」了。所以靈魂與肉體的統一，實際上就是主觀性與客觀性的直接統一，但在這種統一中，靈魂是借助外在的肉體的存在和行為表現出來，人們無法準確地把握它，它只是一種潛在的統一。由於這種統一是潛在的、不自覺，只有主客觀統一的感覺，卻沒有自我意識，還沒有上升到「認識」上去。黑格爾認為，只有達到了認識階段，主客觀才能達到自覺的統一，生命作為「認識」的基礎而存在，為了達到「認識」這一階段的目的而積累準備條件。

靈魂與肉體的結合是一個生命的開始，而當靈魂與肉體分開之後，生命也就走向了死亡。黑格爾根據靈魂與肉體的結合與分離的過程，即整個生命階段的過程，把生命區分成為有生命的「活的個體」、「生命的過程」和「族類」三個小階段。

「活的個體」指的就是有生命的個體、單個的有機體，即是生命的主體。人與動物都是「活的個體」，在「活的個體」自身內部，各個器官互為目的、互為手段地存在，完成新陳代謝等功能。當然，這種存在不是簡單的各負其責、相安無事地存在，而是包含著相互的矛盾和侵擾，從而達到內部的平衡。也就是說，「活的個體」是透過自身的矛盾發展，維持其自身系統的存在和統一。

這樣一來，「活的個體」就不再是簡單的存在的定義了。黑格爾認為，「活的個體」反映的是生命的內在過程。而這種活的內在個體又分為三種形式：敏感、反感和繁殖。按照黑格爾的定義，敏感是生命中最直接的自我關係，即靈魂與肉體間的相互聯繫，肉體內各部分的相互聯繫；反感是生命由直接的自我關係，發展到間接的自我關係，即把生命體現的相互關係分開來看，生命的自身有了分裂；繁殖則是生命自身的不斷恢復，不斷更新。透過這種活的內在個體的三種形式，體現出生命的內在矛盾的發展過程。

「生命的過程」是有機體和無機體的鬥爭過程。在生命之外有無機物存在，但無機物並不能代表生命的存在。人是有機體，流動在人體內的是靈魂，是統一，生命就是一種差異統一的能力。生命的力量，是在於它本身設立矛盾、忍受矛盾、統一矛盾。所以，「生命的過程」就是鬥爭過程，是否定無機物，回歸自身的過程。在「生命的過程」裡，生命面對著無機物的反抗，使無機物適應有機物的需要，吸收無機物，最終達到完美的統一。在有機物吸收無機物，充實自己的同時，無機體也因為這種統一而實現了自己，提高了自己。這是因為無機的自然根本是潛在的生命，但無機物的力量並沒有因為統一而消亡，它時刻尋求機會在有機體內活動，直到靈魂離開身體，生命逐漸消去的時刻，無機物的力量就開始發揮作用了，這就是所謂的有機體與無機體的鬥爭過程。

「族類」是指同類有機體間的共性，黑格爾在《小邏輯》提到：「『族類』發展的過程使它成為自為存在。」

作為時刻面臨著死亡的生命個體，必須借助族類以延長其生命。關於族類有三個方面的意義：生理意義、社會意義和哲學意義。族類的發展無疑是透過生殖進行的，而生殖使族類成為自為存在，這就表明生殖使族類成為一種有否定之否定能力的存在，這種否定之否定能力顯然是指否定死亡之否定的能力，子孫後代的延續多少使人在死亡的不確定性面前建立起了某種確定性，即族類的生理意義；族類的社會意義表現為生命體的相互吸收、相互延續。族類是普遍性，卻直接地作為個體而存在。而個體在族類中並不能達到自為的存在，而是要屈服於族類的力量；哲學意義表現在個體依靠族類而生存，也要為族類而犧牲，透過個體的死亡而實現自己的發展史。有生命的個體終究要死亡，因為生命就是矛盾：它自在地是族類，是普遍性，但直接地卻僅作為個體而存在。在死亡裡，族類表明其自身為支配那些直接的個體的力量。就個體來說，族類的過程乃是它的生命力的頂點。但個體在它們的族類裡並不能達到自為的存在，而是屈服於族類的力量。

在族類的過程裡，直接的有生命的個體有了自身的仲介，在這個基礎上，個體不斷地提高自身以超出其直接性，但只是為了不斷重複又沉陷在直接性裡。因此，生命最初只是沒完沒了地走向壞的無限進展的過程。但從概念看來，生命的過程所獲得的結果，即在於揚棄，並克服束縛在生命形態中的理念的直接性。但是，生命的理念因而不僅必須從任何一個特殊的直接的個體性裡解放出來，而且必須從這個最初的一般的直接性裡解放出來。這樣，它才能夠達到它的自己本身，達到它的真理性。正如黑格爾所言：「單純的直接的個體生命的死亡，正好表示了精神的向前進展。」

認識

既然說「生命」是理念的「直接形式」，那麼「認識」就是理念的間接形式。

黑格爾認為，沒有生命也就沒有認識和邏輯，生命的有機體是主體與客體的「直接同一」，而在認識過程的單一活動裡，主體的片面性與客體的片面性之間的對立都被揚棄了。認識主體就是以客體為對象，把主體與客體區別開來，認識就是主體克服客體的對立，把各自的片面性揚棄，從而達到統一。

認識就是揚棄主體與客體之間的各自片面性的對立，使客體成為主體內部的東西。但是這種對立在最初只是自在地被揚棄了，直接參與其過程的認識反而受到了束縛。這就使認識分裂成理性衝力的兩種運動，一種是主體接受了存在的世界，並使其進入自身。在這種運動中主體認識並接受客體，揚棄了理念的片面的主觀性，使客體進入主體的表象和思想內，並以客體真實有效的客觀性充實了自身的內容。但在這種運動中，主體只是認識客體而不改變客體，主體在這種運動中是被動的；而在另一種運動中，主體則是主動的或是說能動的，主體將客體僅作為一種假象的存在，僅將客體當作一種偶然事實和虛幻的集合體，主體憑藉其主觀的內在本性來改變客體。

相對來講，第一種運動是認識活動的本身，即理念的理論活動。它所揚棄的是主觀性的片面性，主體吸收外在的客觀事物來充實自己；第二種運動是認識活動的運動，即理念的實踐活動。它所揚棄的是客觀性的片面性，從而達到改變客體的目的，兩種運動的目的都是為了達成最終的統一。

下面具體來講「理念的理論活動」和「理念的實踐活動」：

一、理念的理論活動

在黑格爾看來，認識活動其實是有它的局限性，因為它在最開始就已經存在於一個判斷中——即主觀性的片面性與客觀性的片面性的對立。這樣一來，認識活動開始的本身就已經包含了否定的成分在其中，「理論活動」作為一種主體認識客體的活動，在一開始就已經把主體與客體外在地對立起來了，而這樣則無法把握到主體與客體內在的統一性。可以這樣理解：認識的有限性，就在於它在事先就主動地假定了一個客觀存在的世界，而這一來，認識的主體就猶如一張白紙了。透過這種認識活動所能接近的真理，當然也就是很有限的。

認識把區別它的對象事先設為一個假定的存在，而這一對象會生發出多樣性的事實。在這個時候，認識會把對象分解，把其中表現出來的差別孤立開來，或者賦予這些差別以抽象普遍性的形式，或者以具體的內容作為根據，把那些差別乾脆拋開，僅提示其普遍性的現象，這就是分析的方法。

分析方法的活動是要從個別存在的對象裡面找出它的普遍性，因為存在的對象總是由個體化的形態出現，所以認識過程最初是分析的。但黑格爾反對經驗主義把認識的作用完全局限於分析方法的活動，他認為認識活動絕不僅僅是把具體的對象分裂成若干抽象的成分，然後把每一成分進行孤立的觀察。黑格爾舉例說：化學家會把一塊肉放在蒸餾瓶上，然後將它分解，到最後指著每一部分告訴人們說，這塊肉是由氮氣、氧氣、碳等元素構成，然而這些元素卻已經不再是肉了。同理，經驗派的心理學家用分析法來研究人的行為時，將一個人的行為分解成為不同的方面加以觀察，並堅持這種分離狀態，也不可能認識到人行為的真相，單純地用分析法來研究對象，就像是一個剝洋蔥的過程——當洋蔥皮一層一層地被剝開，剝到最後的時候，洋蔥也就不復存在了。

黑格爾認為，由分析方法所得出的普遍性，又是一種經過規定的普遍性，概念在這種有限的認識裡的發展是無法達到它的無限性，因為這裡的概念已經是被理智規定了的概念。認識的活動是隨著概念的三個環節而發展的，即普遍性、特殊性和個體性，將對象接受到這種形式的概念裡，這就是綜合方法。

綜合方法的運用和分析方法恰好相反，分析方法是在個體中尋求普遍性，即由個體出發而進展到普遍；而綜合方法則以普遍性為出發點，根據特殊加以分類，最終達到個體。綜合方法是在認識過程的開始時，就把對象引入特定的一般概念的形式裡，然後就可以將這一對象的類和其普遍的規定性進行明白的表述，這樣就得到了「界說」。

界說也包含概念的三個環節：普遍性，即是界說中的類；特殊性，即是界說中類的特性；個體性，即是界說對象的本身。但界說又是由分析方法得來的，如果用於幾何學，可以作許多好的界說，因為它所研究的對象異常抽象。而界說的內容實際上沒有什麼必然性，如對空間、植物、動物等等，只需要承認它的存在就可以了，而並不去研究它所存在的必然性。如此一來，對哲學就沒有任何的意義了，因為哲學的本身就是要證明存在的必然性。

所以，黑格爾認為，真正的哲學方法，應該既是分析的，又是綜合的。當分析方法把客體分解成為普遍性的抽象概念形式時，這些抽象概念又需要透過綜合方法提出來作為界說。

「真正的普遍性必須理解為主觀性、為自身運動的、能動的和自己建立規定的概念。」

二、理念的實踐活動

在黑格爾看來，理念的實踐活動表現為，主體則是主動的或是說能動的，主體僅將客體作為一種假象的存在，僅將客體當作一種偶然事實和虛幻的集合體。主體憑藉其主觀的內在本性來改變客體，這種活動即為「意志」。一方面它與理論活動相反，意志藐視對作為假定的客觀世界存在的確信；而另一方面，由於意志的有限性，它又以客體的獨立性作為前提。在這種情況下，意志的有限性就形成了一種矛盾，它所假定的是非主要的，同時又是主要的，既是現實的，又是可能的。意志在這種矛盾中不斷遞進，意志的活動揚棄的目的的主觀性，即揚棄客觀性，並且揚棄了主客觀那種有限的對立。而且在這一活動中，不僅揚棄了主觀性的對立，而且也揚棄了一般的主觀性，因為這一種新的主觀性同樣會創造出新的對立。活動最終回歸到自身，即是內容對自身的回憶，這裡的內容就是指主客體兩方面自在的同一性，這一回憶也引入認識的理論態度的前提——客體存在的自身就是真實的和實體性的東西。

黑格爾不認為這種回到原點的工作是徒勞的，他強調，理智的工作僅在於認識世界是這個樣子的而已，而意志則努力去證明世界應該是這個樣子。那種直接的、表面的東西對於意志來說，並不是固定不變的存在，只不過是虛幻的聚集而已。主體並不被客觀世界的假象所迷惑，那些虛幻的東西僅僅浮現在表面，不能構成世界的真實本質。黑格爾提出：「世界的本質就是自在自為的概念，所以這世界本身即是理念。一切不滿足的追求都會消逝，只要我們認識到，這世界的最後目的已經完成，並且正不斷地完成。」

但是黑格爾同時又強調，這一「目的」還沒有被實現。或者可以說，意志自身就要求它的目的還沒有被實現，這也就是意志的有限性，但是我們不能總是停留在這種有限性裡，因為意志的過程本身就是要透過意志活動，將有限性和有限性所包含的矛盾予以揚棄的過程，從而達到和解和統一，這也就是意志要在它的結果裡回歸到認識所假定的前提的原因；而實際上，這一回歸是指回歸到理論的理念和實踐的理念的統一。對於意志來說，目的是屬於它自己的，而理智還要重新確認這世界為現實的概念，這就是理性認識的正確態度。

黑格爾對於「認識」的闡述，其進步性就在於他認為實踐的理念高於理論理念。黑格爾將實踐活動列於從「主觀概念」到「理念」、從「認識」到「絕對理念」的中間環節，就包含著只有透過實踐才能真正達到客觀真理的合理因素。黑格爾還認為，認識與實踐不可分離。實踐如果單以自身的目的一意孤行，「把這種同時作為不可克服的障礙與自己對立的實在，當作虛無的東西」，那麼實踐的目的就永遠不可能實現。真理最終是理論理念和實踐理念的統一，而客觀世界與實踐之間則存在著對立性。客觀世界即為「一種被給予的東西和真正存在著的東西，是不以主觀意見為轉移的現存的實在」，而實踐卻是「作為一個他物，走著自己的道路」。實踐活動的目的就是要剝開事物表面的假象，還原事物客觀真實的本來面目。這種透過概念的活動而最終同自身同一的生命，就是「思辨的理念或絕對理念」。客觀世界的自在自為就是理念，而理念也將自身設定為目的，並不停地透過運動去達成這個目的。世界存在的目的，就在於它不斷地創造其自身。引申開來說，可以看出精神世界與自然世界之間的關係和差別——自然世界不斷地回歸到它的自身，而精神世界則透過運動不斷地向前進展。

絕對理念

黑格爾認為，絕對理念首先是理論的理念與實踐的理念的統一，同時也是生命的理念與認識的理念的統一，是主觀性與客觀性的統一。

這種統一，是「絕對的和全部的真理，自己思維著自身的理念，而且在這裡甚至作為思維著的、作為邏輯的理念」。所以，在黑格爾的理論體系中，絕對理念是概念論的終點，也是全部邏輯學最高、最後的環節。

理念是作為主觀和客觀理念的統一，這就是理念的概念，在這一概念中，是以理念本身來作為對象的。所以在絕對理念中，理念就是客體。而在這一客體裡，一切的規定都包含在其中了；但在認識裡，我們所獲得的理念是處於分離的形態下的，是存在著差別的。認識的過程就在於消除這種分離和差別，使其恢復到統一，只有這樣，才是絕對理念。因為我們在談到絕對理念時，已經對理念有了概念式的了解，我們所有的理念，都是在發展過程中經過不同的階段，將對象作為我們的理念，而這一次是直接以理念為客體，成為了「純思想」，亞里斯多德將其稱為「思想之思想」，並稱頌它為最高形式的理念。

絕對理念是理念、精神和自然三位一體的辯證統一。具體地說，絕對理念就是由自然過渡到精神，再由精神過渡到理念，最終達到絕對理念。在這一過程中，由於精神可以認識自然中的理念，它可以把自然提高為精神，這是精神在起主導作用；由理念再外化為自然，再由自然發展提高到精神，這是觀念在起主導作用，最終完成三者的互相過渡、互相轉化的過程。

絕對理念的自身內沒有過渡，也沒有前提，這是因為它本身就是概念的純形式，這種純形式又直觀它的內容，而它本身就是內容。只有當它在觀念裡，才會自身把自身區分開來。所以在理念、精神、自然三位一體的辯證統一體中，黑格爾特別重視理念。理念完成了，就過渡到自然，而轉入他的自然哲學體系中。絕對理念在觀念中可以把自己區分成兩個方面，其中的一個方面是自我的同一性，這個自我同一性包含著形式的全體，成為所有規定內容的體系。這裡面所說的內容就是邏輯體系，也就是貫穿在整個理念體系中的辯證方法。黑格爾認為，在這裡作為理念的形式，除了仍是這種內容的方法就沒有別的了。這個方法就是對於理念各環節發展的特定的知識。在黑格爾看來方法與體系是和形式與內容一致的。黑格爾曾說過，「理念的真正內容，就是我們逐步研究的整個體系」、「方法並不是外在的形式，而是內容的靈魂和概念」。

但黑格爾並不是說，講到絕對理念我們就達到真正的真理了。他認為，絕對理念絕不是一堆空洞無用的廢話。理念的真正的內容應該是我們研究過的整個體系。可以說，絕對理念是普遍的，但這種普遍可不是單純地與一些對象的特殊性相對立的那種普遍，而是一種絕對的形式，是一切的規定和內容都需要最終回歸的一種形式。黑格爾形象地把絕對理念比作一位老人：在有些方面，孩子可以講出和老人相仿的道理來，但他絕不可能具有同老人相同的體驗，即使偶爾觸及，也不可能那樣深刻。因為對於老人來說，這些道理其實包藏著他的生活，是他全部的世界和人生。

黑格爾在絕對理念的部分裡，有一個非常重要的思想，那就是否定之否定規律的思想，並以此為原則，將思辨活動分為開始、進展和目的三個環節。三個環節連成的整個發展過程形成了一條上升的、前進的路線。「這種前進是這樣規定自身的，即它從單純的規定性開始，而後繼的總是越加豐富和越加具體。因為結果包含了它的開端，而開端的過程以新的規定性豐富了結果。」

一、開始

開始就是存在和直接性。作為「開始」的自身，是自為的、簡單的理由，因為它就是一個「開始」。但從思辨理念的觀點來看，開始是理念的自我規定。如果方法是從直接存在開始的，那便落入分析方法中；如果方法是由普遍性開始，則又成了有限知識的綜合方法。可是邏輯的理念既是普遍的，又是存在的。它以概念為前提，而自己卻又是概念的本身。所以它的開始既是分析的開始，又是綜合的開始。哲學方法揚棄並包含了這兩種方法，所以在哲學運動中所採取的態度，既是分析的，又是綜合的。在這裡作為開始的存在，表面看是抽象的肯定，但實際上卻是否定的，是設立起來的、有前提的。然而存在概念的否定，本身就是沒有規定概念的概念，是自在的，直接的特定概念，因此也具有其普遍性。而作為自在的概念，就是辯證法。

二、進展

進展是將理念的內容發揮成判斷。由於辯證法的作用，概念自身的直接性和普遍性都降低了一個環節。而上一個環節就是「開始」，所以它也就成了對「開始」的否定。這種否定使它得到了一個相關者，和它相異的方面產生了聯繫，與最初存在的概念相映射。所以它也就成為了一種潛在的理念。但這樣一來，它的發展卻成了向第一階段——「開始」的回歸。正如第一階段發展成為向第二階段過渡一樣。經過這樣的雙重運動，區別顯示出來了。但作為區別雙向的本身，卻都在運動中完成了自身而到達了全體，並在全體中實現自己與對方的統一。有差別的雙方發展成了最初，即矛盾的本身。這種矛盾在無限的進展中表現出來。

三、目的

在第二階段中表現出來的無限遞進中的矛盾，只有在目的中才能得到解決。目的是對最初的起點，即第一階段——「開始」的否定。但是目的和開始其實是具有同一性的，所以目的的否定同時也是對它自身的否定。因此，目的是統一體，在這個統一體裡，作為觀念性的和作為環節的，作為被揚棄的同時又作為最終被保存下來的都結合在一起了。概念以其自身的自在存在作為仲介，把自身的差異、對自身差異的揚棄最終達到自身與自身的結合都統一在一起了，這就是實現了的概念。回顧概念的發展過程，正是一條「肯定—否定—否定之否定」的過程。

值得注意的是，黑格爾指出，辯證法所講的否定並不是全盤、簡單的否定，而是規定了的否定。在思辨活動中，辯證的否定先是否定了最初的概念，但又在同時把被揚棄的最初的概念保存下來。也只有這樣，才能構成前後聯繫的環節，才能構成前進發展的環節。這條前進發展的過程所構成的路線是一條曲線，即從最初的開端走得越遠，其實卻在同時越來越向開端返回。

「以這種方式，在以後的規定中，每前進一步離開了曾規定的開端時，也是後退一步靠近開端。」

這種周而復始的運動並不是單純的循環運動，而是在更高的基礎上返回開端，從而得到發展。

第四章 黑格爾的自然哲學

「自然哲學」是黑格爾哲學體系的第二部分內容。黑格爾的自然哲學指的就是以研究邏輯理念在其外在形式——自然中的發展狀況作為研究對象的學問。黑格爾把自然的發展過程劃分為力學、物理學和有機學三個階段。在力學階段，對象是彼此外在，一切為機械性所統治；在物理學階段，自然理念建立起了內在的質的差別、對立及其相互關聯，自然界的各種物體表現出質，服從於個體性的力量，具有物理或化學的特性；在有機學階段，作為自然的理念已經發展成為主觀性、自我性的總體，達到了現實存在，即生命。

自然和自然哲學

黑格爾在這裡講的自然哲學和我們通常理解的自然哲學不是同一個概念。

我們通常所理解的自然哲學指的是研究具體的自然科學問題的自然哲學，而黑格爾這裡所講的自然哲學是以邏輯理念在其外在形式中的發展狀況作為研究對象。邏輯理念的外在形式就是自然。也即：黑格爾的自然哲學，指的就是以研究邏輯理念在其外在形式——自然中的發展狀況作為研究對象的學問。正如，黑格爾所說的那樣，自然科學是「研究理念的異在或外在化的科學」。

那麼，具體來講，什麼是自然呢？黑格爾又是怎樣給「自然」下定義的呢？黑格爾認為，自然就是邏輯理念外在的表現形式，是邏輯理念自我否定的結果。當然，自然並不是就是「通常我們所理解的靜態意義上」的表現邏輯理念。「自然界自在地是一個活生生的整體」、「自然必須看作是一個由各個階段組成的體系，其中，一個階段是以另一個階段的必然產生為基礎的」。黑格爾認為，作為全體的自然，它表現為一個由階段性組成的體系。

一般來講，自然是一個從低等向高級不斷發展和完善的能動過程。黑格爾認為，自然的這個不斷發展和完善的過程是不斷循環的。例如：最初的自然體系其實是相當抽象的，越到後面，越發展就越具體，這其中，每一個發展的階段是它前一個階段的保留和補充，又是它後一個階段發展和完善的基礎，自然的發展和完善就是這樣不斷循環的。當然，在黑格爾看來，自然界的這種辯證的發展和完善並不是自發的發展和完善，而是被動的發展和完善。自然界不管發展到什麼程度，不管完善成什麼狀態，它自始至終都是在作為自然界存在基礎的內在邏輯理念的支配下發展和完善的。

一句話：自然界的不斷發展和完善，從實質意義上講並不是按時間順序進行的，而是按支配它發展的邏輯理念的邏輯順序進行。這也正是黑格爾所說「一個階段由另一個階段來補充，這是理念的必然」、「引導各個階段向前發展的辯證的概念，是各個階段內在的東西」、「形態的變化只屬於概念本身，因為唯有概念的變化才是發展」。黑格爾據此認為，認識自然不能只停留在模糊不清的感性觀念上，而是要在認識自然的過程中，對自然的發展和完善作辯證的考察，找到自然形態產生、發展、變化以及消亡的內在根據和具有說服力的證明，黑格爾的這個觀點具有相當重要的方法論意義，對我們今天的科學研究有重要的指導意義。

至於自然和邏輯理念的關係，黑格爾在下面這段話中交代得非常明確：「自然是作為它在形式中的理念產生出來的。既然理念現在是作為它自身的否定的東西而存在，或者說，它對自身是外在的，那麼，自然就並非僅僅相對於這種理念（和這種理念的主觀存在，即精神）才是外在的。相反的，外在性就構成自然的規定，在這種規定中，自然才作為自然而存在。」

透過這段話，我們至少可以從以下幾個方面來理解自然和邏輯理念的關係：

一、自然是從邏輯理念外在化（或者異化）出來的，是邏輯理念自我否定的結果

黑格爾認為，邏輯理念（即絕對精神）才是世界的本原。我們所面對的豐

富的大自然只是邏輯理念（或者絕對精神）的派生物或者說是它們的表現形式。世界雖然是豐富多彩的，但是再繁華的世界也只是一種空虛的表現，世界真正的本原是邏輯理念，也只有邏輯理念（或者絕對精神）才是真正永恆的。只有永恆的邏輯理念（或者絕對精神）才能從根本上把握自己、規定自己，甚至在自己的基礎之上建立他物，再從他物回歸自己。相較於永恆的理念或者絕對精神，物質世界（即自然）只是一個由有限物集合而成的整體。自然表現得再豐富，也只能從邏輯理念（或者絕對精神）的完美性來獲得自己的暫時狀態。說得形象一點，如果說邏輯理念是高高在上的上帝，那麼，自然就只能是那些捧起雙手來祈求上帝賦予力量和正義的芸芸眾生。

二、自然是邏輯理念（或者絕對精神）的外在化或者異化

這種邏輯理念的外在化或者異化從本質上講也就是邏輯理念（或者絕對精神）的自我否定。在自然面前，邏輯理念的存在狀態是潛在的，但是這並不影響邏輯理念的第一性。實際上，邏輯理念仍然存在於它的否定之否定中。以自然的形式存在的邏輯理念無時無刻不受到自然的束縛。在有限的自

然世界，邏輯理念始終無法張揚自己的全部力量，所以它最終要衝出自然的束縛回到自己本身。所以，邏輯理念雖然會以自然的形式外在化自己，把自己表現出來，但是，邏輯理念最終還是會回到理念潛在的存在狀態。

三、自然之所以被認為是外在的，並不是針對它僅僅是邏輯理念的外在而言

對自然本身來講，自然之所以是自然，就是因為它的「外在性」決定了它最終必然要成為自然，不可能成為潛在的邏輯理念或者絕對精神。當然，這裡的「外在性」指的是自然的「直接存在」的性質。在這樣的外在性中，邏輯理念具有互不相關的，持續存在的，互相孤立的外觀。但是對於自然本身來講，這種「外在性」僅僅表現為它的偶然性和必然性，並不表現為任何意義的自由。也正是因為如此，自然世界中的自然形態雖然可以表現為千變萬化的形態，但是從時間意義上講，自然界的形態卻永遠都是周而復始的循環，而不會產生任何新的事物。正如黑格爾所說：「只有在精神領域裡的那些變化之中，才有新的東西發生。」

正如黑格爾所講，「一個階段由另一個階段來補充，這是理念的必然」，「引導各個階段向前發展的辯證的概念，是各個階段內在的東西」，「形態的變化只屬於概念本身，因為唯有概念的變化才是發展」。自然是一個從低等向高級不斷發展和完善的能動過程。那麼，從邏輯理念本身來講，它為什麼要引導自然發展呢？黑格爾認為，「這是一個未經解決的矛盾」。因為，一方面，邏輯理念是自然界的內在根據和存在基礎，是支配自然界不斷發展和完善的動力，具有一定的必然性和合理性；另一方面，在自然界中，邏輯理念只是潛在的（或者說，自然界就是潛在的邏輯理念），並沒有最終實現，因此，自然形態具有一定的偶然性和不合理性。從這個角度來看，潛在於自然界中的理念，是與自身的存在不相符合的一種狀態。因此，黑格爾說，自然就是邏輯理念背棄自身的結果，是邏輯理念否定自己的結果，這種在自然階段存在著的理念與理念本身是相當矛盾的。

當然，能解除這種矛盾的肯定是邏輯理念本身。因為相對於被動的，軟弱無力的自然來講，邏輯理念卻是能動的，具有克服這種矛盾的能力。所以，邏輯理念的介入才最終使得自然形態一步一步打破自己的感性形態，不斷地發展進入更加完善更加合理的階段，並最終解決自然階段存在的內在矛盾，進入邏輯理念本身。

這樣看來，自然界的不斷發展、不斷完善的過程實際上是一個不斷解除自身矛盾的過程。這個過程雖然是不斷循環的，但是當邏輯理念最終完全克服自身的異化和外在化達到完全統一的時候，這個過程就會結束。另外，黑格爾還認為，自然界不斷解除自身矛盾的過程（也即邏輯理念完全克服自身異化和外在化並最終統一的過程）就是一個邏輯理念從自身異化和外在化達到統一併達到意識狀態，把自己創造為「精神」的過程。

黑格爾把自然的發展過程劃分為力學、物理學和有機學三個階段：

力學

在黑格爾看來，邏輯理念外化為自然的第一個自身完整的領域便是力學領域。黑格爾認為，在力學領域，對象是彼此外在、互不相關的，相互間僅僅有量的區別，一切為機械性所統治。

但是，概念的內在規定性決定了它們彼此也是存在聯繫的。在此基礎上，黑格爾在力學領域主要講了三個問題：空間與時間，物質和運動以及引力系統的太陽系。黑格爾認為，空間和時間是力學領域表現邏輯理念的完全抽象的相互外在的東西；物質和運動的外在聯繫是個體化的相互外在的東西及其抽象狀態的聯繫；自身運動的物質是物質和運動的絕對統一。

一、空間與時間

黑格爾認為，時間和空間是理念異化為自然界的兩種最初的、直接的客觀形式。在空間和時間的概念上，黑格爾對康德的觀點進行了批判的繼承，例如：黑格爾贊同康德把時間和空間理解為單純的形式；但是針對康德「時間和空間僅僅是表象裡的某種主觀要素」的觀點，黑格爾是持否定態度的。黑格爾認為，時間和空間是相互聯繫在一起的兩個概念。首先，空間是事物存在的基礎，自然事物都存在於空間中。其次，時間也並不是像有些哲學家所論述的那樣是一個主觀概念，黑格爾認為，時間也是客觀的，自然界任何事物本身的存在就是具有時間性的東西，也正是自然界現實事物的本身在實現自己的歷程中構成了時間。所以，時間和空間實際上是互相緊密地聯繫在一起的，時間和空間就是事物的存在形式。

從某種意義上講，黑格爾的這種時空觀念對牛頓的時空觀念是一種完全意義上的否定。從黑格爾的論述中，我們可以知道，黑格爾認為根本不存在任何絕對的時間和空間。正如黑格爾在自己的著作中所論述的一樣，「假如有人說空間是某種獨立的實體性的東西，那麼它必然是像一個箱子，即使其中一無所有，它也仍然不失為某種獨立的特殊的東西」、「人們絕不能提出任何空間是獨立不依地存在的空間，相反，空間總是充實的空間，絕不能和充實於其中的東西分離開」。黑格爾認為，時間和空間是緊密地聯繫在一起的，兩者不可分離。

二、運動和物質

如果單純地研究時間和空間兩者本身，那麼，它們的概念就會顯得無比的抽象。但是，當黑格爾把時間和空間的概念結合到「運動」這一哲學範疇的時候，時間和空間便變得明朗起來。「運動」是黑格爾在「時間和空間」問題的基礎上進一步推演出來的一個概念。黑格爾認為，「運動」是時間和空間的統一；時間和空間只有在「運動」中才能真正地實現自己，得到現實性。黑格爾說：「運動的本質是成為空間與時間的直接統一；運動是透過空間而現實存在的時間，或者說，是透過時間才被真正區分的空間，因此，我們認識到空間與時間從屬於運動。」

從黑格爾對「運動」的論述中，我們可以看出，黑格爾所講的「運動」，實際上是時間和空間的連續性和間斷性的統一。從而，黑格爾就從根本上解答了古希臘哲學家芝諾的兩分法悖論。不僅如此，黑格爾還從「運動」進一步把「運動」和「物質」聯繫起來，運動和物質是不可分割的。黑格爾認為，一提到運動，那麼就肯定有所指，肯定是指某物在運動，否則便沒有運動，而這裡所指的「某物」實際上就是指具有時空持續性的物質。

運動和物質的辯證聯繫還體現在：既沒有無物質的運動，也沒有無運動的物質，即：物質不可能是不運動的，運動不可能脫離物質而存在。可見，物質和運動，兩者相互聯繫，彼此互相依存。當然，我們在肯定黑格爾的時候，不能不強調一點，黑格爾所講的「運動和物質」中的運動是占據主導地位的，而「物質」是處於受「運動」支配的被動地位，這裡體現著強烈的唯心論色彩。例如黑格爾說：「既然有運動，那就有某物在運動，而這種持久性的某物就是物質。就像沒有無物質的運動一樣，也沒有無運動的物質。」

三、太陽系

黑格爾對天體運動的考察僅僅局限於太陽系。黑格爾認為，行星運動時，行星之間的引力是吸引和排斥、向心力和離心力的統一，「天體上的物質不是那種在自身之外可能具有運動或靜止的本原的形體」。這也就是說，在黑格爾看來，星球是自己自行運動，而不是由外來的力推動的，吸引、排斥、向心力和離心力的矛盾，是促使行星自己運動的力量，這也就從根本上否定了牛頓把「離心力和向心力割裂、把離心力作為外來的切線力」的觀點。例如：黑格爾說：「作為沿著切線方向飛出去的意向，離心力被極為愚笨地假定為是透過斜射、振動和碰撞傳給天體的——如果我們要說力，那也只有一種力，它的各個環節不是作為兩種力引向不同的方向的，天體運動不是這樣一種相互牽引，而是自由運動。」

物理學

物理學是從力學中轉化而來的。

黑格爾認為，當自然理念從最基礎的力學領域進入到物理學領域時，自然理念也就正式進入了「反思」階段。在物理階段，自然理念建立起了內在的質的差別、對立及其相互關聯；自然界的各種物體表現出的質，服從於個體性的力量，具有物理或化學的特性。黑格爾在這部分講了很多內容，這一部分也是自然界中最難理解的部分。在自然科學方面，黑格爾講了包括天體物理學、氣象學、光學、熱學、聲學、電磁學、化學等物理現象和化學過程。從哲學思想看，黑格爾在這裡論述了「兩極性」的概念，即辯證法的矛盾觀點。

黑格爾認為，在物理學階段，存在於特殊的規定之內的內在的概念，能夠把各個有差別的個體性的集體組織在一起，並使這些個體性之間具有一種相互映像的關係。於此，黑格爾把個體性的物體分為「普遍的個體性」、「特殊的個體性」、「總體的個體性」三個環節。

一、普遍的個體性

黑格爾認為，普遍的個體性又包括三個環節：從物理方面得到規定的天體的作為物理系統的太陽系；與天體系統相關聯的作為物理元素的氣、火、水、土；具有相互轉化的物理元素的氣象過程。

在太陽系這一環節中，黑格爾研究了太陽、月亮、彗星和行星所組成的太陽系的物理形態。黑格爾認為，太陽是自身發光的物體，作為個體性物體的光是自為的獨立存在；月亮是沒有水分的晶體形態，因為月亮周圍沒有大氣，沒有氣象過程，不像地球、水星和金星一樣擁有海洋、河流和雲彩；彗星是一種透光、透明的含水物體；行星則是土質的物體。相對於各個成員來講，整個太陽系是一個內在各個環節彼此聯繫的總體。

談到元素的時候，黑格爾認為，元素是從天下降到地上的太陽系，元素一共有氣、火、水、土四種：

（一）氣相當於太陽系的光，是被動的、降為元素的光。氣是普遍的東西，它不是由自身確定的，而是透過光來確定的，氣可說是消極的光。

（二）火是降為元素的月亮，火是絕對不止息的狀態，它有毀滅自身與他物的作用。

（三）水是降為元素的彗星，水在自身中完全沒有內聚性，沒有氣味和滋味，也沒有形態，它不是特殊的東西，而是抽象的中性物體。

（四）土是降為元素的行星。

黑格爾還認為，在物理過程中，各種元素之間是相互轉化的。地球上的氣象過程的構成，就是各種不同元素以及它們彼此之間的差別性，被連結於個體同一性之中的過程。此外，黑格爾還提出了光的傳播是連續性與間斷性的統一，認為「光與無光的東西是對立的統一，光明只有透過黑暗才能顯現出自身」。

二、特殊的個體性

黑格爾認為，特殊的個體性包括「比重」、「內聚性」、「聲音」和「熱」四個環節。

(1)「比重」

黑格爾把物質各個部分之間的純粹量的關係歸納為「比重」。黑格爾認為，「比重」是物體的根本的規定性；物體的各個部分都在其自身具有這種規定性。

(2)「內聚性」

黑格爾認為，物體要想保持相對的穩定，物體的各個部分之間就必須達到某種平衡。黑格爾就把物體為了保持平衡而在各個部分之間形成的一種特殊的協和關係，稱為物體的「內聚性」。「內聚性」還有被動的內聚性、自相的內聚性和質的內聚性三種不同的規定。

(3)「聲音」

黑格爾認為，摩擦和物體在自身內部的振動是產生聲音的兩種方式。實際上這個觀點是相當科學的，但是，黑格爾馬上又回到了他思想自身固有的唯心論的泥淖。黑格爾認為，聲音是內在的、主觀的東西，是靈魂和物質合為一體的東西。例如他說：「聲音是觀念東西在他物的這種暴力下發出的控訴，但同樣也是對這種暴力的勝利，因為這種特殊的已內存在暴力下保持了自己。」

(4)「熱」

黑格爾認為，熱是物體在自身之內振動的同時，產生物質部分的現實揚棄的結果；熱是來自物質內部變為流體的活動，經過實驗證明，熱就其起源和本性來說，純粹是種狀態的方式，熱並不是不能毀滅的、獨立存在的東西。所以黑格爾說：「所謂的聲質和熱質，是形上學在物理學裡的純粹虛構。」

三、總體的個體性

黑格爾認為，總體的個體性包括光、電等物理現象和化學過程。

黑格爾把連續性和間斷性辯證統一的思想運用於光學的研究，認為光的傳播是連續性和間斷性的統一。他說：「光是直接的膨脹，但光是作為物質，作為發光的物體，而與另一個物體發生關係的，因此，這就存在著一種分離，這種分離在任何情況下都是光的連續性的一種間斷。」他批判了偏重間斷性的微粒說和偏重連續性的波動說，認為兩者都是片面的，而片面性的觀點「對於認識光毫無裨益」。

在考察磁現象時，黑格爾認為，磁的「兩極是兩個生動的終端，每一端都是這樣設定的：只有與它另一端相關聯，它才存在；如果沒有另一端，它就沒有任何意義」。黑格爾還指出，在磁的兩極中，同一的東西把自己設定為有差別的，兩極中有差別的東西把自己設定為同一的。應該說，黑格爾關於磁現象的觀點是辯證的，但這種辯證的觀點是建立在磁現象是「純粹非物質的形式」的唯心論基礎上。

在研究了磁、電等現象之後，黑格爾進入對化學過程的研究。在這裡，他把化學過程看作是物理過程到生命的過渡階段。他認為，化學過程高於磁和電，是磁和電的統一；而磁和電則是這個總體的抽象的、形式的東西，因而不是化學過程。他說：「任何化學過程都在自身包含著磁和電。」另一方面，化學過程又是生命過程的直接起源，化學過程如能自動地繼續進行下去，那就會產生生命。因此，應該從化學方面理解生命。

有機學

黑格爾所講的有機學即生物科學。黑格爾認為，在有機學階段，作為自然的理念已經發展成為主觀性、自我性的總體，達到了現實存在，即生命。

黑格爾認為，生命是充實的具體的總體，「生命是整個對立面的結合」，不僅是概念和實在，而且也是內在的和外在的、原因和結果、目的和手段、主觀性和客觀性等的對立面的結合，而成為同一個東西。生命是一個活生生的個體，系統的整體，它是按它自身內在目的進行活動的，是一個自我發展、自我實現的過程。

作為普遍的主觀性，生命是「地質有機體」，這是生命產生的基地；

作為特殊的主觀性，生命是「植物有機體」，開始了主觀的生命力；

作為個別的具體的主觀性，生命是「動物有機體」，生命成為主體而存在。

動物有機體是理念的「異在」的最高階段。在這裡，主觀性原則的個別要素已在統一中出現了，這就是「靈魂」。黑格爾認為，只有在動物有機體的最高階段上，才產生了不僅能感覺自己，而且能思維自己、意識自己的「人」。這時，理念也就超出了自然界的範圍，進入到發展的第三階段，即精神階段。

在理解黑格爾「從自然過渡到精神」的時候，我們必須清楚，黑格爾所講的「從自然過渡到精神」並不是唯物論上的「精神來源於物質」，而是說「精神在經歷了其外在形式並揚棄了這種形式之後，又返回到精神本身」。

另外，黑格爾還論述了「生」和「死」之間的辯證關係。黑格爾認為，「生命本身即具有死亡的種子」、「生命的活動就在加速生命的死亡」。這也就是說，生命自身的矛盾，特別是個別性與普遍性的矛盾就是其疾病以至死亡的根源。這就是「生」和「死」的辯證法：「生」本身就預示著「死」，沒有「生」當然無所謂「死」；「死」是針對「生」而言的，沒有不會「死」的「生」。

黑格爾主要從以下幾個方面論述有機學中的自然哲學：

一、地球

地質有機體論述的對象是地球。黑格爾認為，地球雖然不是一個有生命的物體，但是地球是其他有生命的物體生命活動的場所。自然界任何有生命的物體都不能離開地球單獨實現其生命過程，任何有生命的物體生命都出自於地球，並且到最後又會回到地球的懷抱。黑格爾認為，實際上地球並不是絕對無生命，地球就其作為空間的整體和作為時間的整個發展歷程來講也是有生命，例如：地球有無限發展生命的空間因素，地球自身又有漫長的發展歷史（地質史）。所以黑格爾認為，地球之所以能派生生命，是因為地球是一個潛在的生命體，黑格爾就把地球這個潛在的生命體稱為「地質有機體」。

但是，他在具體論述地球的生命特徵時存在很多的唯心色彩，甚至有很多觀點是荒謬的，例如：黑格爾在其著作中說：「在一切星球中，地球是最優秀的星球，最有整體性，處在一切星球當中。在地球上，歐洲居中，在歐洲，德國又居中。在新大陸的兩個美洲表現為缺乏教養的、未發展的二元化。而舊世界，歐、亞、非三大洲表現為完善的、發展了的、被仲介的二元論。亞洲和非洲形成對立，而歐洲是對立的仲介、第三者。這是地球上理性的部分，河流和山谷的平衡，其中心為德國。足見地球上各大洲的劃分並不是偶然的，而是一種本質上的區別。」

黑格在這裡把地球看作是宇宙的中心，把歐洲看作是地球的中心，把德國看作是歐洲的中心，這實際上是非常荒謬。

當然，黑格爾在論述地球有機體的時候，還是不乏科學的、相當有價值的觀點。例如：黑格爾把地球的生命運動過程分為理想的一面、生養的一面，和歷史、地質學的一面，三個方面。

理想的一面，強調地球作為世界歷史的大舞台是有使命。

生養的一面，強調地球孕育世間萬物的生養能力，例如地球上的氣象過程。

歷史、地質學的一面，是從歷史學或者地質學的角度考察地球的生命特徵。黑格爾認為，地球今天的現狀是遠古以前漫長的一系列的變化、運動的結果。

二、植物

黑格爾認為，植物是最初級最低等的生命個體，植物在生長過程中主要有以下幾個環節：

（一）自我形成：植物自己形成，與自己結合，不與任何別的東西相關。

（二）同化：植物把相對的、相類似的自然因素吸引到自身，最終形成自身的過程，黑格爾稱其為同化。

（三）繁殖：植物自身的繁殖或者族類的繁殖，這是植物有機體生命特徵最明顯的過程。

三、動物、人、自我意識、靈魂和本能

黑格爾認為，動物是有感覺、有感情、有自我感的生命個體，但是並非所有的動物都能夠思維，把單純的動物有機體過渡到自我意識的是「人」。人是精神的主體，也只有人才有主觀精神和自我意識。體現在身體的任何一個部分的那些主觀意識叫做靈魂，靈魂是一種感覺，是直觀的、非理性的、非物質性的，本能是靈魂的一種表現，是主體在不自覺的狀態下發生的「靈魂直觀反應」。

第五章 黑格爾的精神哲學

「精神哲學」是黑格爾哲學體系的第三部分內容。同時，「精神哲學」也是黑格爾的「絕對精神」自我發展程度最高的階段。或者可以說，「精神哲學」是黑格爾哲學體系的完成。「精神哲學」研究的是「人」的意識和認識。精神哲學以人類意識、社會生活為研究對象，但目的在於揭示人類精神的發展在本質上是逐步實現自由達到絕對真理的過程。黑格爾把精神哲學分為主觀精神、客觀精神和絕對精神三個階段。

黑格爾認為，「主觀精神」和「客觀精神」兩者都是相對的、片面的，

但是在絕對精神階段，絕對精神克服了「主觀精神」和「客觀精神」的互相對立，把兩者的差異包含於自身之中，完全達到了實現自己和認識自己的階段。

精神哲學

精神哲學是絕對理念發展的第三部分，是黑格爾哲學體系發展的最高階段，也是絕對精神自我發展過程的最高和最後的階段。相較於作為黑格爾哲學基礎的邏輯學，精神哲學則是黑格爾哲學的完成和全部實現。

「在我們看來，精神是以自然為前提，而精神則是自然的真理，由此，它就是自然的絕對的在先者。在自然的真理中，自然是消失了，作為達到自為存在的理念的精神產生了。在這裡，理念的主觀與客觀是同一的。」正如黑格爾所講的一樣，他認為，「精神」是純粹概念與自然的統一。因為他認為，純粹概念是絕對抽象、缺乏實在內容的；自然是僵死的缺乏自覺性的物質，而精神則分別克服了純粹概念絕對抽象的不足和自然僵死缺乏自決的片面性，達到了具體、實在、能動的完美境界。

但是，黑格爾在論述其精神哲學時並沒有走出唯心論的泥淖。黑格爾所講的「精神」仍然是派生自然界萬物的那個絕對精神。在這裡，黑格爾只是讓「絕對精神」從自然界回歸自身而已。黑格爾認為，「絕對精神」最終會衝破自身的外在性，揚棄自身派生出來的自然界，最終回到自身。而精神哲學的研究對象就是精神產生自己、發展自己以及回歸自己的過程。「精神哲學是研究理念由它的異在而返回到它自身的科學」；是理念在其實現過程中所達到的最具體、最發達的形態；它不只是研究個體的個別能力或特性，而是要研究精神的實質本身，要認識人的真實本質。

因此，精神哲學以人類意識、社會生活為研究對象，目的在於揭示人類精神的發展在本質上是逐步實現自由達到絕對真理的過程。在此基礎上，黑格爾把精神哲學分為主觀精神、客觀精神和絕對精神三個階段。

一、主觀精神

主觀精神以個人有限的經驗認識為對象和內容。在這個階段中，精神還處於概念之中，還處於它自身的主觀性、觀念性之中，還沒有達到客觀性、現實性，它的概念還沒有成為客觀性的東西。即在主觀精神階段，精神還沒有展現於客觀的社會政治制度和倫理道德風俗之中。精神的自由是潛在著的，還沒有實現出來。

黑格爾把主觀精神又區分為「靈魂」、「意識」和「精神」本身三個小階段，分別作為人類學、精神現象學和心理學的研究對象。

二、客觀精神

客觀精神是精神表現於人類社會，構成法權、道德、倫理和國家制度及其歷史等。它主要論述倫理學、政治哲學、歷史哲學，也可以廣義地把關於客觀精神的哲學稱之為「法哲學」。黑格爾的客觀精神的研究領域包括了整個生活和歷史領域。具體來講，黑格爾把法的發展按照自由從抽象到具體的發展分為抽象法、道德和倫理（含世界歷史）三個階段。

⑴ 抽象法

在具體論述抽象法之前，必須弄清楚一個概念——人格。黑格爾認為，「人格」是「意志」和「自由」在具體的單一的個體上的表現。「人格」的真正意義在於確定每一個單一的個體認識某種無限的、普遍的和自由的「人」。「人格」的概念是對具有「精神」的「人」的一種主觀和客觀意義上的肯定。人格所包含的東西，首先是它的權利能力即權利的可能性。或者從某種意義上講，「人格」是對「意志」和「自由」的一種肯定或者規定，沒有自由，沒有自身的意志，是沒有人格的。例如：奴隸社會的奴隸或者農奴，他們沒有自由，不能按照自身的意志來進行生產活動，因而就是沒有人格的。

在了解了人格這一概念之後，「抽象法」就好理解了。「抽象法」就是一般地表現人格或者肯定作為具有人格的人所應該具有的權力可能性的東西。但是，「可能」和「不可能」是相對來講的，抽象法不可能一一列舉每一個單一的個體的人的每一項確定的權利，而只能以禁令為基礎表現為一種「形式上的法」。具體來講，抽象法所能做到的只是命令每一個個體的人不得否定其他個體的人的「人格」。抽象法有三個環節：第一個環節是所有權，而所有權又有占有、使用和轉讓三個小環節，第二個環節是契約，第三個環節是不法，這些內容將在第六章中詳細敘述。

(2) 道德

在「抽象法」領域，意志表現為「自在的無限性」，意志只是在表面上或者只是外在地與具有普遍意義的抽象法相適應，並不關心意志自身或者人的內在。也就是說，在抽象法的規定性下，意志表面上看上去和「抽象法」相適應的話，「抽象法」的意義也就實現了。至於意志自身的內在是不是與「抽象法」的具體內容相符合，這並不是「抽象法」所關心的事情。

但是，在「道德」領域，意志是表現為「自為的無限性」。在這裡，意志是向著自身的內在來實現的。在「道德」領域，「主觀」自己會主動評價自己的意志是否符合意志自身的內在。換句話說，「道德」就是主觀意志的「法」。

「道德」會透過「主觀的法」這個仲介來檢驗意志自身是不是與普遍的意志相符合。黑格爾認為，在道德領域，人格的主觀能動性才真正地體現出來了，人格也才真正地成為了主體。在道德領域，不僅僅是主體自身會評價自己的意志行為的性質，還可以評價「其他人」的行為的性質。道德也可以分為三個環節：第一個環節是故意和責任，第二個環節是意圖和福，第三個環節是善和良心，這些具體的內容都將在第六章中具體論述。

(3) 倫理

「倫理」是客觀精神發展的最高階段。黑格爾認為，抽象法是客觀的，道德是主觀的，都不可避免地會存在瑕疵，從評價角度來講都不可避免地具有片面性。但是，當客觀精神發展到倫理的時候，「客觀精神」會有一個質的提高，因為作為主觀和客觀統一的「倫理」，在實現自由方面既克服了「抽象法」的單純外在的片面性，也克服了「道德」的主觀內在的片面性。

「倫理就是成為現存世界和自我意識本性的那種自由的概念。」正如黑格爾所講的一樣，自由在倫理階段真正地實現了自己，把自由同時體現在了外部現實和主觀性之上，「倫理」又可以區分為家庭、市民社會和國家三個環節，這將在後面的章節具體論述。

三、絕對精神

絕對精神是主觀精神和客觀精神的統一。黑格爾認為，「主觀精神」和「客觀精神」兩者都是相對的、片面的，但是在絕對精神階段，絕對精神克服了「主觀精神」和「客觀精神」的互相對立，把兩者的差異包含於自身之中，完全達到了實現自己和認識自己的階段。絕對精神最終在這一階段中實現了自己絕對的、無限的本性。在絕對精神階段，理念帶著自邏輯學的「純存在」範疇以來的一切收穫物回到了自己的老家，成了最豐富、最具體的實在，達到了主體和客體、思維和存在的絕對統一。

絕對精神包括藝術、宗教和哲學三個環節，三者的對象和內容都是「絕對」，但認識的方式不同。黑格爾說：「普遍精神的內在的要素，在藝術中是直觀和形象，在宗教中是感情和表象，在哲學中是純自由思想。」絕對精神在哲學中最終認識了自己，達到了思維和存在的絕對統一。當然，在黑格爾看來，藝術、宗教和哲學三個環節也是絕對精神自我認識的三種不同的形式。

靈魂

靈魂是主觀精神發展的第一個階段。

黑格爾所講的「靈魂」實際上是人類學的一個研究對象。黑格爾認為，人在真正達到感性認識之前必須經歷一個過程，人不可能一瞬間就達到感性階段。而在達到感性階段之前必須經歷的這個階段，黑格爾把它稱為靈魂。因此，黑格爾認為，靈魂是精神發展的開端，是精神的潛在的直接存在，還沒有達到清醒的意識，還是「自然精神」。

所以說，靈魂就是自然精神，是精神意識發展的最初級的階段。作為人類精神意識發展的最初階段，靈魂只是一種模糊的非常低等的精神意識，或者說是僅僅與低等動物的意識狀態相類似的意識狀態。在靈魂階段，雖然人和自然是渾然一體的，主體和客體的關係尚未分開，但是靈魂作為精神的一種形態，儘管是最原始的形態，它畢竟意味著理念已開始擺脫自然的外在性，逐步進入作為真理的境界。另外，黑格爾認為，靈魂是和人的肉體緊密地聯繫在一起的。靈魂不能與人的肉體割裂開來，兩者是相互依存、相互發展的。

靈魂也有一個發展的過程：

最初是「自然靈魂」，它完全受自然條件的束縛，受肉體的支配。它把一切存在都作為它本身，它所具有的各種質的差異，如人種、民族特性、個人氣質、性格、本能等，都是由氣候、地理等自然條件所賦予。

當「自然靈魂」發展到能夠自我感覺時，它就開始擺脫自然的規定。因此，在「感覺靈魂」裡，靈魂表示出感覺活動的自我性和主動性。自我感覺能夠區分它本身的各種特殊感受與感覺，形成「習慣」，使人成為普遍性的自我，得到一定的自由。但習慣僅僅是無意識的活動，不能給人真正的自由。

「現實的靈魂」有能力超出自然存在，成為同客體相對立的主體，自然則成為外在於主體的客體。於是「靈魂」階段就過渡到「意識」階段。

一、「自然靈魂」

「自然靈魂」是主觀精神發展的最低等的階段，是精神哲學發展的起點。當主觀精神還處於「自然靈魂」的階段時，「主觀精神」（或者是「精神」）還只是具有自然規定性的靈魂。那麼，我們應該如何理解這裡所指的「自然規定性」呢？黑格爾認為，處於「自然靈魂」階段的主觀精神，還複雜地糾纏在自然之中，還沒有從紛繁複雜的自然中掙脫出來。除了具有單純地表明它的純自然屬性的「有」或者「存在」的特性外，自然靈魂沒有任何具體的性質。或者可以說，作為「主觀精神」發展的初級階段的「自然靈魂」，就是一種沒有任何具體規定性的單純的意識狀態。

黑格爾又把「自然靈魂」分別從「自然的質」、「自然的變換」和「感受」三部分來論述「自然靈魂」：

（1）自然的質

「自然靈魂」是「主觀精神」發展的最低等的階段，這時候，「自然靈魂」

根本不可能意識到外在於自己的任何對象，而是把任何都看作是自身的一部分；即使是外界環境對「自然靈魂」所作出的任何具體的規定性，「自然靈魂」也不是把它們當作外在於自身的東西，而是把它們當作自身固有的規定性，是自身固有的「自然的質」。黑格爾認為，「自然的質」可以從以下三個方面來具體說明：首先，靈魂所具有的質的差異是和氣候、季節、一日之間的差異有相應的關係的。黑格爾說：「靈魂參與一般行星的生活，感到氣候的差異、季節的變換、一日之間的周轉等。」黑格爾也正是要說明，靈魂所具有的質的差異是和氣候、季節、一日之間的差異有相應的關係的，不一樣的氣候、季節等因素對靈魂的形成意義上的特性有相應的決定意義，靈魂的具體特性所體現的也正是影響它特性所形成的氣候、季節、一日之間的差異等因素。例如黑格爾又說：「動物本質上生活於對它們的同感之中，它的特性和它的特殊的發展在很多情況下完全依賴於這種同感，並且總是或多或少依賴於這種同感。」

其次，靈魂體現在種族之間的差異上主要決定於地理環境的差異。黑格爾認為，不同的地理環境會影響靈魂具體的特性的形成，從而形成種族之間的差異；不同種族之間從本質上講是沒有差異的，都是平等的，如果真的存在不同，那也只是因為生活的地理環境的不同造就的。黑格爾說：「人自在地是有理性的；一切人的權利上的平等的可能性就在這裡，——堅持區分有權人種和無權人種，乃是毫無意義的。」黑格爾不承認種族之間有任何不平等的可能性。再次，人的靈魂因個人的氣質、性格等因素而存在差異。黑格爾認為，人的靈魂（這裡所指的靈魂當然還是指「自然靈魂」）會因為每個人的氣質、性格等因素而存在差異，但是這裡所講的氣質、性格等因素都是自然賦予的。當然，人的氣質、性格雖然是自然賦予的，但是，它們也會在後天的成長過程中不斷地因受到教育而更加完善。

(2) 自然的變換

「自然的變換」是「自然靈魂」發展過程中，相比較於「自然的質」更高的一個階段，指的是靈魂作為個體時所具有的多樣性。其實，靈魂並不是一個整體的概念，它更多時候表現出來的是個體的概念。那麼，是不是每一個個體的靈魂所表現出來的都是和整體絕對一樣的靈魂特徵呢？並不是這樣的，黑格爾認為，靈魂作為個體時會表現出自身的個別性，眾多的個體靈魂表現出來的靈魂是多樣性的，這就是「自然的變換」的結果。

「這種多樣性是始終唯一的主體的各種變換，並且是它的發展的各個階段」。個體靈魂的差異性首先表現在靈魂在不同的年齡階段會有個別性的差別，例如一個人在「童年」、「青年」、「中年」和「老年」等不同的年齡階段，會表現出「自然靈魂」的多樣性：「童年」階段是一個人人生的開始階段，精神上處於模糊的混沌狀態；「青年」階段是一個人真正開始人生的重要階段，精神狀態只要表現為「理想與現實的對立」；「中年」階段是一個人開始成熟並逐漸沉澱的階段，精神狀態開始逐漸接受現實，安於現狀，對現實世界、理想以及人生會有一個合理的理解；「老年」是一個人的人生的最後階段，精神開始完全實現客觀性的統一。

其次，靈魂的個別性表現為「性的關係」，這是一個個體靈魂發展的相當重要的階段，在這一階段，每一個個體都開始遇到了一個真正的對立方，都會盡力在各自的對立方中尋找自己，從「性」的角度實現自己的靈魂，例如：黑格爾說，「性的關係在家庭中獲得它的精神的和道德的意義和作用」。最後，「自然的變換」還表現為「睡眠和覺醒」，黑格爾認為，「自然靈魂」由於自身包含有「自然的質」和「自然的變換」，從而使自身和自身所包含的內容之間產生了區別，「覺醒」就是個體性認識到「自然靈魂」自身和它所包含的內容之間的區別的活動，這也叫做「靈魂的覺醒」；相對於「靈魂的覺醒」，「睡眠」指的是一種意識活動，是指回覆到無區別的靈魂自身的活動。

(3) 感受

「感受」是在「睡眠」和「覺醒」的基礎上，黑格爾認為，「睡眠」和「覺醒」是不能分開的，兩者互相轉化，「感受」就是「睡眠」和「覺醒」的統一。一方面，「感受」面對的是直接的現成的東西；另一方面，「感受」所面對的直接的東西會在一定程度上否定自身的「直接性」，進而成為「理想中的東西」存在於靈魂之中。之所以說「感受」就是「睡眠」和「覺醒」的統一，正是因為「感受」會在感受有差別的東西或直接物中回覆到自身，並最終實現有差別與無差別的統一。

二、「感覺靈魂」

相比較於著重表現靈魂活動的被動方面的「感受」，「感覺」更強調靈魂活動的主動方面。當「自然靈魂」發展到能夠自我感覺時，它就開始擺脫自然的規定了。因此，在「感覺靈魂」裡，靈魂表示出感覺活動的自我性和主動性。「感覺靈魂」又可以分為以下三個階段：

(1) 直接性中的感覺靈魂

「直接性中的感覺靈魂」是「感覺靈魂」發展的第一個階段。在這個階段，「感覺靈魂」還處於直接性階段，還沒有真正地實現出來。即在這個階段，「感覺靈魂」還不是真正的主體「我」在進行「感覺」，而是「我」受制於另外一個主體而進行的感覺活動。黑格爾在論述「感覺靈魂」時舉了很多例子，例如「心靈感應」之類的奇特的心理活動。黑格爾把控制和指揮其他靈魂的主體叫做「感覺靈魂」的「守護神」。

（2）自我感覺

「自我感覺」是「感覺靈魂」發展的第二個階段。在這個階段，作為靈魂主體的「我」不是在其他主體的靈魂中進行「感受」，而是在自己的靈魂中進行「感受」。黑格爾認為，「自我感覺」就是指「靈魂」作為個體已經能夠區分自身與它的各種感覺；「靈魂」作為主體不僅僅能區分自身與自己的各種感覺，並且還能夠把自身的各種感覺作為自身的感覺設定在自身之內，並最終使自己結合為一個主體的「單一體」；黑格爾認為，這個「單一體」就是「自我感覺」。

（3）習慣

「習慣」是「感覺靈魂」發展的最後一個階段。黑格爾認為，當「感覺靈魂」發展到「習慣」階段，一方面，靈魂主體——「我」沉浸在各種特殊的感覺中；另一方面，各種特殊的感覺都已經不再盲目，而是每一種特殊的感覺都有了自己存在的印記以使得自己與其他的感覺區別開來。說得更清楚一點，在「習慣」階段，靈魂已經具有了某種「普遍性」或者「重複性」；「習慣」就是貫穿在各種特殊感覺中的抽象的「普遍性」或者「重複性」。正如黑格爾所講，「靈魂使它自身成為一種抽象的普遍性的存在，而且把各種特殊的感覺（和特殊的意識）歸結為它的存在的單純規定。這就是習慣」。總而言之，有了「習慣」，靈魂便可以對自己的各種特殊的感覺應對自如，人的各種活動也因此能夠更適應外部的環境，更加自由地在自然界中生活。

三、「現實的靈魂」

「現實的靈魂」也被稱為「實在靈魂」，這是「靈魂」發展的最後階段，也可以理解為「靈魂」發展的完成階段。那麼，黑格爾是如何論述「現實的靈魂」的呢？黑格爾認為，「現實的靈魂」是「自然靈魂」和「感覺靈魂」的統一體。如果把「自然靈魂」理解為「靈魂」的內在屬性，把「感覺靈魂」理解為「靈魂」的外在屬性，那麼，「現實的靈魂」也可以理解為作為靈魂的外在屬性和內在屬性的統一。

但是，黑格爾論述到這裡的時候仍然沒有脫離客觀唯心論，他認為，靈魂的內在屬性「自然靈魂」和靈魂的外在屬性「感覺靈魂」雖然在「現實的靈魂」中達到了統一，但是起主導作用的仍然是靈魂的內在屬性（即自然靈魂）；靈魂的外在屬性決定於內在屬性，受內在屬性支配。因此，靈魂可以主宰整個自然的「上帝」，自然只是靈魂自我外在化的客觀對象。

意識

意識是主觀精神發展的第二個階段。

意識是精神現象學的研究對象。黑格爾認為，精神意識還處於靈魂階段的時候，靈魂在其內容之中的存在是潛在性的，「靈魂」的內容就存在於「靈魂」之內。但是當精神意識發展到「意識」階段的時候，精神意識就完全擺脫了自然的束縛。在意識「階段」，出現了獨立於主體之外的客體，而這裡的客體還僅僅是意識的「現象」，一切都以意識的「現象」為對象，但仍然還沒有使客體成為主體，實現為精神。

意識發展的三個小階段分別是：從主體和客體的分離，把對象當作異己存在的「意識本身」，經過主客對立的克服，把對象當做自身的「自我意識」，最後達到主客體的統一、對象和自身統一的「理性」。

一、意識本身

「意識本身」是意識發展的第一個階段。所謂的「意識本身」，即指以異己的外在的「事物」為對象，是對於外部客體的意識。它透過「感性意識」、「知覺」和「知性」的發展，逐步把握了事物的普遍性（即共同本質和法則），但「知性」所把握的仍然是獨立於主體之外並同主體相對立的普遍性，只有到了「自我意識」的階段，普遍性的對象才是主體自身。

（1）感性意識

「感性意識」並不難理解，它是意識發展的直接性階段。「感性意識」對它所認識的對象是單純的，最直接的，是一個完全符合表象的、外觀的東西。正如黑格爾所說，「感性意識只認對象為存在著的東西，為某物，為實存著的東西，為單個的東西，等等」。至於它所認識的對象的內在聯繫、存在的原因、有什麼具體的性質等內在的屬性，「感性意識」從不關心，它只要意識它所認識的「對象」存在，它也就完成了任務。黑格爾用了三個「最」形象地概括了「感性意識」的特點：「感性意識」在認識的對象（或者內容）來講是最豐富的，但是「感性意識」在認識的思想來講是最貧乏最不值得一提的。

（2）知覺

相比較於「感性意識」認識對象（或者內容）的直接性，「知覺」則達到了認識對象（或者內容）的普遍性和間接性。也就是說，不像「感性意識」認識對象那樣完全是直接的存在於表象層次，「知覺」的認識對象不再僅僅是單純的、個別的、直接的，而是在相互關係中的，有普遍性的，有間接性的東西。在「知覺」階段，「知覺」的認識達到了知識層面，達到了「意識與對象的有規定的同一性」。

（3）知性

「知性」是「意識本身」發展的第三個階段。「知性」接近於「理性」，但是還不是完全的理性，或者可以說還不是「理性」。當意識發展到「知性」階段時，已經能用一般的法則或者規則來觀察自然界，認識對象。「知性」所認識的對象從嚴格意義上來講就是「法則」，至少也是「規則」。相比較於能解釋萬物的「法則」（或者「規則」），自然界的各種具體的個別的事物只不過是「法則」（或者「規則」）的表象（或者假象）。

當然，不管是「感性意識」、「知覺」或者「知性」，它們共同的特徵都是把對象看成是獨立於主體之外的東西，異己的東西，即使它的最高階段「知性」也是如此。這顯然和黑格爾已有的思想基礎不相符合。於是，黑格爾在接下來的自我意識的敘述中，透過對意識本身的進一步發展回歸到自己客觀唯心論的舊軌道上來：認識的對象從本質上講還是主體自身，這就是黑格爾要在「自我意識」裡論述的內容。

二、自我意識

「意識本身」發展的最高階段是「知性」，「知性」所把握的內容是普遍的規則或者共享，但是這並不是意識發展的最高境界。黑格爾是一個客觀唯心論者，他的哲學最終要回到客觀存在自身。「自我意識」就是意識發展的更進一步的階段，「自我意識」所把握的對象是主體自身，是對自我的認識。黑格爾認為，「自我意識」是意識本身存在的真理和依據。實際上，對於其他對象的意識，也就是對自我的意識。在黑格爾看來，從「意識本身」到「自我意識」，也就是個人的意識由對物的認識發展到對人的認識。「自我意識」發展的三個階段分別為慾望、認可的自我意識和普遍的自我意識。

三、理性

「理性」是意識發展的最高階段，黑格爾這樣論述理性，「在『普遍的自我意識』中，自我的對象也是自我，此對象既是獨立的他方，又是自我，所以，在這種同一性中，自我與對象的差別是十分模糊的多樣性，或者毋寧說，是一種不是差別的差別。因此，它的真理是自在自為地存在著的普遍性和自我意識的客觀性，即理性」。從這一段話可以看出，「普遍的自我意識」實際上已經從某種意義上達到了主觀（自我意識）和客觀（意識本身）的統一。而「理性」也正是在主、客觀統一的基礎上才實現自身的。因此說，「理性」是「意識本身」和「自我意識」的統一，是主觀與客觀的統一。

因此，理性的對象既是自我又是他方，就理性的對象是自我而言，理性是包含有「自我意識」的成分的；就「理性」的對象是他方而言，理性是包含有「意識本身」的成分的。這樣看來，「理性」正因為是達到了「意識本身」和「自我意識」的統一，實現了主觀與客觀的完美結合，才最終實現自身的「理性」。

精神本身

精神本身是主觀精神發展的第三個階段。

精神是心理學研究的對象之一。黑格爾認為，精神本身的性質決定了它是靈魂與意識的統一，是靈魂與意識的真理所在。因為，精神不僅僅克服了「靈魂主客體部分」的弱點，而且從根本意義上克服了「意識自我與外部對象對立」的片面性。也就是說，「精神本身」揚棄了一切外在與主體的對象，只在主體內部區別主體與客體；「精神本身」就是絕對意義上的主體自身，同時存在於他物與自身之中。在此意義上，黑格爾認為，精神實際上是靈魂與意識的統一，是自我與對象的融合。

黑格爾把「精神本身」的發展過程分為三個階段：「理論精神」、「實踐精神」和「自由精神」。

一、理論精神

「理論精神」是「精神本身」發展的第一個階段。儘管「理論精神」還只是精神發展的初級階段，但是，理論精神已經不再像意識那樣，只是停留在認識對象自身或者只停留在表面現象。黑格爾認為，「理論精神」是理智的認識活動，在這一活動過程中，「理智」不僅僅能深入認識對象，而且能夠從認識對象返回「理智」自身，從單純的認識對象抽象出「理性內容」，並最終使「理性內容」成為普遍運用的東西。在黑格爾看來，「理論精神」包括「直觀」、「表象」和「思維」三個逐步發展的過程。

(1) 直觀

黑格爾認為，直觀是對直接客體的直接認識或者感性認識，「直觀」的認識活動從接受簡單客體的簡單直觀形式開始。但是直觀並不單純停留在表性認識，它並不是簡單的「感性認識」。黑格爾認為，「直觀」的認識過程已經滲透著相當多的理性成分，是一個既具有主觀性又具有客觀性的認識過程。這裡所講的「直觀」並不是對客體的簡單直接的把握，而是以「主體」為對象的具有理性內容的直觀把握。「直觀」對個別的認識對象是一種整體意義上的把握，它不僅關心認識對象的表象，還會深入到認識對象的內部對認識對象的各種具體的規定性進行把握。但即使是這樣，「直觀」也僅僅是認識的開始，如果要對認識對象進行更加全面、更加豐富、更加理性的把握，則要透過「表象」活動達到「思維」。

（2）表象

「表象」是建立在「直觀」的基礎之上。黑格爾認為，「表象」是被「回憶」的直觀。在「表象」階段，精神把直觀中的直接的東西轉變為「主體」內部的東西。從個別的存在到普遍性的概念的過程必須經過表象這一仲介環節。黑格爾認為，「表象」由回想、想像力和記憶三個具體環節組成。「回想」是表象的第一個環節，「回想」是對在直觀過程中接納到主體之中的直接的東西進行重現；「想像力」是對「回想」的結果進行圖像連結，把具體的「圖像」創造為特定的符號加以標誌就是想像力的活動過程；「記憶」是「回想」和「想像力」過程的綜合，例如：精神借助於特定的符號「回想」起相應的表象的過程，就是「記憶」。「回想」、「想像力」和「記憶」三個過程系統的組成了「表象」這一精神活動過程。

（3）思維

「思維」是理論精神發展的最高階段，它不僅擺脫了簡單的圖像認識活動，還是從抽象的形式思維過程到具體的思維過程的發展，並最終實現真理性認識的過程。黑格爾認為，「思維」的發展過程包括知性、判斷力和理性三個環節。「知性」是把「被回想的表象」改造成為類、種以及規律等概念範疇的過程，在「知性」過程中，個別和普遍、內容和形式等範疇都是分開來講的；「判斷力」比「知性」進步的方面表現在它是把對象看作是互相聯繫的，是把客觀當成一個整體來看的，「判斷力」最終都能把個別性和特殊性歸結到普遍性，具有「理性認識」的某些特徵，但是判斷力還是片面的，它仍然不能把對象的實質內容揭示出來；「理性」是「思維」的最高的環節，它已經不再是停留在對象的表面來認識對象，而是透過對象的表象深入到事物的內部以及事物之間的聯繫並最終解釋對象的內在本質。「思維」發展到「理性」的環節，就真正地完成了理論精神的任務，真正地實現了思維和存在的統一。

二、實踐精神

「理論的精神」雖然在「思維」階段已經實現了思維和存在的統一，但是從根本上來講，「思維」階段的思維和存在的統一還不是完全的。黑格爾於是在此基礎上論述了「實踐的精神」。

黑格爾所論述的「實踐的精神」實際上是意志的活動，如果說「理論的精神」是「理智的活動」，那麼「實踐的精神」就是「意志」的活動。黑格爾認為，「實踐的精神」或者「意志」是高於「理論的精神」的精神活動，是從主觀存在轉變為客觀存在的活動。「實踐的精神」的更高一層次的特徵還體現在它是自己決定內容，而不像「理論精神」那樣僅僅是認識內容而已。從這個角度來講，作為「意志活動」的「實踐的精神」是更自由的活動。實踐精神包括實踐感覺、衝動和幸福三個環節。

「實踐感覺」是指「適意」與「不適意」、「高興」與「憂愁」之類的情感活動。它具有形式的主動性，其內容有「被給予的」現成的性質。它不以普遍性和必然性為根據，具有相對的主觀性和偶然性。所以它在本性上被規定為「個體性」。黑格爾認為，「實踐感覺」並不是與普遍性、必然性絕對對立的，實際上「實踐感覺」也包含著某種普遍性以及必然性，正因為如此，黑格爾極力主張，「情」和「理」實際上是統一在一起的，他反對把「情」和「理」完全割裂。他認為，沒有能完全離開「情」的「理」，也沒有能完全離開「理」的「情」。

「衝動」是指精神主體主動地使對象與自己一致的活動，意志可以對各種衝動進行「隨意選擇」。例如：黑格爾說：「意志本質上是自我規定，它在存在規定與它的要求的一致性中——作為直接的和單純地被發現的一致性中——發現了一種否定以及對它自身不適合的東西。如果意志滿足了它自己，如果普遍性與特殊規定的潛在統一性被實現，它的內在的要求和外在東西的一致性應該是它的行動和直觀。作為它的內容形式的意志，開始還是自然的意志，直接與它的特殊的規定是同一的——自然衝動和傾向。」在此基礎上，黑格爾還論述了「熱情」，黑格爾認為，主體自身集中某一特殊的對象所引起的衝動稱為「熱情」。熱情與衝動一樣，都是「一切行動的真正的活力」。

「幸福」是「普遍性」的滿足。黑格爾認為，「衝動」總是個別的，特殊的，主體自身會有無窮無盡的衝動，一個衝動得到滿足，另一個衝動又會來臨，主體總會面臨新的衝動，所以，主體總是不可能在某一個衝動中得到滿足。

主體要想真正地獲得滿足，獲得「幸福」，就得追求一種普遍的滿足感。這正是黑格爾所說的，「各種特殊滿足的真理是普遍的東西，而能思的意志作為幸福則以普遍的東西為目的」。但這仍沒有完全擺脫特殊的「衝動」，因而還不是真正的普遍的東西，真正普遍的東西，只能是精神自己成為自己的對象。

三、自由精神

「自由精神」是「精神本身」發展的最後階段。「自由精神」是「理論精神」和「實踐精神」的統一，也可以說是「理性思維」和「意志」的統一。在這個階段，精神完全以自己為認識對象，自己完全能限制、控制甚至決定自己，或者說，從某種意義上來講，這個階段的精神已經不受其他任何事物的限制和決定。正如黑格爾在他的著作中所論述的一樣，「實在的自由意志是實踐的和理論的精神統一性，自由的意志實現了自己的意志的自由」。在「自由精神」階段，「意志」的自決和自由最終得到了實現。這樣看來，自由精神既然是使自己成為自己的對象，那麼，也就是說「精神」在此能把自己的本質異化為外在，把自己表現為外在的東西，表現為社會的即「客觀精神」。這時的精神既是自身，又是對象，既是主觀，又是客觀，已經完全超出了「主觀精神」的範疇，從而進入了「客觀精神」。

藝術

黑格爾認為，藝術是精神認識自己的最初的、直接的形式，其特點就是透過感性形象來把握理念。

藝術在黑格爾哲學體系中的位置，可以由理念發展的歷程表現出來：

(一)理念首先是概念在自身中進行邏輯推演；

(二)理念異化為自己的對立面——自然界；

(三)理念重新回歸自身——人的精神世界。

後者分為主觀精神、客觀精神和絕對精神三個階段。絕對精神又分為藝術、宗教和哲學。藝術是絕對精神的第一階段。

黑格爾曾經給藝術美下了一個著名的定義：「美就是理念的感性顯現。」所謂感性顯現，就是說藝術作品透過它的感性形象顯現出來，存在於人自身的理念和存在於外界一切客觀事物的理念的調和和統一。這是黑格爾美學思想的中心。

黑格爾認為，藝術是精神認識自己的最初的、直接的形式，它的特點就是透過感性形象來把握理念。所以在黑格爾看來，自然物只是單一的直接的存在，而人因為精神成為不同的存在。他首先作為自然物而直接存在，然後又透過理念去認識這個存在而獨立存在。人透過兩方面來獲取這種獨立的意識，一是透過理論，二是透過實踐活動。

在關於藝術的理論中，黑格爾要求把「美學」和「認識論」統一，強調藝術的真實性。黑格爾說：「藝術的使命在於用感性的藝術形象的形式去顯現真實。」把美說成是真理的感性形式，是理念的感性顯現。這裡需要特別強調的是，藝術並不是透過概念這種思維形式去表現「真」，而是透過感性形象表現「真」。

這裡的「真」並不代表真實，事實上，黑格爾很反對自然主義的「逼真說」，他這為那種所謂的「逼真」實際上不是真，只是一種模仿了一種相似的外在形式而已。這種單純的模仿出的酷似自然的作品，只是作者技巧的炫耀罷了，並不能體現藝術的要求內在的東西，即沒有表現藝術作品的主要因素——精神。

黑格爾認為，人的實踐活動是藝術的來源。他曾說過：「人透過改變外在事物來達到這個目的，在這些外在事物上面刻下他自己內在生活的烙印，而且發現他自己的性格在這些外在事物中復現了。」

這實際上是在說，人是透過改變外在事物的實踐活動來認識自己的。黑格爾又說：「只有在人把他的心靈的定性納入自然事物裡，把他的意志貫徹到外在世界裡的時候，自然事物才達到一種較大的單整性。因為人把他的環境人化了，他顯出的那環境可以使他得到滿足，對他不能保持任何獨立自然的力量。只有透過這種實現了的活動，人在他的環境裡才稱為對自己是現實的，才覺得那環境是他可以安居的家。」

在這裡，人並不是環境的產物，不能被環境所改變。相反，人倒是可以用自己的理念去改變環境。這是一種主觀的，能動的改造。最終所達到的，仍然是黑格爾一貫堅持的「調和的，統一的」。所以，人不但要在實踐中改變客體，還要改變自身。這樣才能達到最終的統一。

黑格爾認為，藝術的最終統一，是感性和理性的統一，例如黑格爾說：「藝術作品不僅是作為感性對象，只訴之於感性掌握的。它一方面是感性的，另一方面基本上是訴之於心靈的，心靈也受到感動，得到某種滿足。」也就是說，藝術作品雖然表面上看是限於感性對象的，但是不管從藝術作品的產生角度來看，還是從藝術作品的鑒賞角度來看，都是理性的活動。正因為這樣，黑格爾又說，「只有透過心靈而且由心靈的創造活動產生出來，藝術作品才成為藝術作品」。僅僅以感性來掌握的藝術作品是不完整的，必須經過心靈的再創造。所以黑格爾認為，在藝術創造的過程中，心靈的方面和感性的方面必須統一起來。

黑格爾還認為，藝術還應該是形式和內容的統一。黑格爾說：「藝術的內容就是理念，藝術的形式就是訴諸感官的形象。藝術要求這兩方面調和成為一種自由的統一的整體。」黑格爾認為：「藝術作品的缺陷並不總是可以單歸咎於主體的技巧不熟練，形式的缺陷總是緣於內容的缺陷。」

比如說一本書，不管它是手抄的還是印刷的，精裝的或是平裝的，都不能影響它其中的內容。但這並不是說，因為我們不重視這種外在的不相干的形式，所以內容就是沒有形式的。我們對內容所說的沒有形式，在一定意義上來說是沒有好的形式，沒有和它「名實相符」的正當形式。對於一個藝術家來說，如果說它的作品內容是如何如何之好，只是沒有一個很好的形式來展示，這無疑是一個蹩腳的藉口。

「藝術作品的表現越優美，它的內容和思想也就具有越深刻的內在真實。」所以黑格爾強調，只有內容和形式都表現為徹底的統一，才是真正的藝術品。

黑格爾根據「美是理念的感性顯現」這一命題，將藝術的類型分為象徵藝術、古典藝術和浪漫藝術三種，這三種藝術類型的發展演變，就構成了整個人類藝術的發展史。

一、象徵藝術

黑格爾認為，象徵藝術是最原始的藝術。在這個時期，人們的精神理念還很模糊，因此就無法找到適合自身的形式。這個時期對形式的掙扎和追求，產生了用自然材料來直接進行加工的象徵性形式。典型的象徵藝術是古老的東方藝術，如金字塔、神廟等等。因為精神內容和物質形式的不協調，這個時期的藝術品通常會帶給人們神祕的感覺。

二、古典藝術

在黑格爾看來，古典藝術是比象徵藝術更高級的藝術。因為隨著人類精神的發展，人們認識到了精神內容，並一直在試圖為它尋找一個更好的表現形式。這時的藝術克服了象徵藝術在內容和形式上的天生不足，覺醒的藝術理念恰好可以體現在相適應的形式當中。古典藝術最典型的代表是古希臘的人體雕刻，由於內容和形式自在而完美的協調，古典藝術也呈現出靜穆和悅的特點。

三、浪漫藝術

人體雕刻是有限的，也就是說古典藝術也是有限的，它並不能表達自由的、無限的精神。隨著精神持續向前發展，古典藝術也逐漸消褪，讓位給浪漫藝術。與古典藝術相反，浪漫的精神內容要大於物質內容。浪漫藝術在較高的階段回歸到了古典藝術所沒有克服的理念與現實的對立和差異，這就使浪漫藝術的精神內容更加豐富了。浪漫藝術表現出來的就是繪畫、音樂和詩歌。浪漫藝術可以表達出自由的心靈生活，但它也沒有突破感性形式的束縛。

從以上可以看出，黑格爾的藝術發展觀念基本是遵循從空間型藝術到時間型藝術的發展規律的。在黑格爾看來，藝術所要達到的境界是精神世界，即是說藝術要表達的理念是與空間性相對立的時間性的精神或內心生活。這種觀點的結果導致了黑格爾對藝術的發展，應該說是帶有悲觀情緒的。這在他來說是一種「回歸」，回歸到精神世界中去。

黑格爾認為，隨著精神向自由、無限的方向發展，精神最終會徹底衝破有限的感性形式的束縛，而在那個時候，浪漫藝術也將要解體，藝術將過渡到宗教階段，而哲學必將是它最終的終點，藝術的歷史也就終結了。

宗教

在黑格爾看來，宗教是以表象的形式來認識「絕對精神」。

黑格爾可以說是近代西方哲學史上，第一位對宗教進行哲學化和系統化闡述的人，許多新教哲學家都採納他的學說。黑格爾的早期著作中並沒有宣揚教會神學的內容，黑格爾說：「整個教會體系的基本錯誤，就是否定人的精神有權具備各種能力，特別是第一能力，即理性。而當理性被教會否定之後，教會體系無非就是一個不把人當人的體系。」很顯然，黑格爾對教會是持批判態度的。但這種批判並不指向宗教，相反，他把宗教列為絕對精神的高級階段。當然，與有的哲學家把宗教作為精神活動的最高境界不同，黑格爾對宗教的詮釋單純發自於哲學角度，而且黑格爾認為，精神活動的最高境界也是哲學。

黑格爾認為，只要宗教具有一個信念，一個教義，一個信條，那麼，它本身就已經具備了哲學最重要的東西——真理。這時，宗教和哲學就可以結合在一起了。但是這裡所說的宗教，不是「按照支配近代宗教觀念的、分離的、壞的理智來說。因為照這種理智來說，宗教和哲學是互相排斥的」。

這大概就是黑格爾對教會的態度不太友好的原因，黑格爾認為，真正的宗教應該是精神的宗教，要具有一種信仰，一種內容，這樣才能把宗教和哲學結合在一起。黑格爾認為，宗教和哲學之間的相同還是大於不同的，「哲學的對象與宗教的對象誠然大體上是相同的，兩者皆以真理為對象。就真理的最高意義而言，上帝就是真理，而且唯有上帝才是真理。此外，兩者都研究有限事物的世界」。

黑格爾把宗教分為「自然宗教」、「希臘與猶太宗教」和「功利宗教」三種。

自然宗教又稱直觀宗教，它直接體現為自然存在的形態。黑格爾認為，在這一時期，人們的精神理念還很模糊，精神和自然界處於難區分的狀態下，自然宗教主要指東方國家的宗教，其中包括印度宗教、物自身宗教（佛教和喇嘛教）、魔術宗教（主要指中國的道教和佛教）以及過渡宗教（波斯宗教和埃及宗教），人作為精神的代表獲得最高的崇拜。

第二種宗教形式則是精神不斷發展的產物，精神的主體克服了自然界對它的束縛，並提升到自然界之上，主要包括波斯宗教和猶太宗教。

而第三種宗教形式——功利宗教則不像前兩種那麼「單純」了。人為的因素主動介入其中，人開始安排和設計，把目的性加在宗教身上。這一目的性是帶有當時時代烙印的目的性，黑格爾認為，只有當哲學中的「絕對精神」顯示出來，人們才會明白無限的目的性，這樣才是完滿的宗教，比較起來，基督教應該更符合黑格爾的哲學學說。在基督教中，只有一位大神——上帝。上帝是有限和無限的統一，是絕對精神，即哲學中的普遍性；聖子耶穌是上帝在人間的化身，也就是自然界和有限的精神界，他代表的是哲學中的特殊性；聖靈則是整個宗教團體的理念，代表了個體性。而基督教中的聖父、聖子、聖靈三位一體的說法，則可以理解為絕對精神的自身的統一。所以，黑格爾把基督教稱為「絕對而完善的宗教」。

黑格爾認為，宗教是精神的一種形態，這種精神不是神，而是作為精神的我們透過理念，對自己存在的剖析。在這種形態下的宗教，我們所信奉的東西，其實就是我們的精神所表達的東西，宗教就是作為精神的一種自我意識的形態。

在黑格爾把絕對精神分成的三個階段裡，宗教高於藝術而低於哲學。但因為兩者的目的是相同的，即研究對象是相同的，都是以真理作為研究對象，這也就是說，宗教與哲學的內容是相同的。但是為什麼黑格爾又要說「上帝就是真理，而且唯有上帝才是真理」呢？這是因為黑格爾認為，在「絕對宗教」裡，絕對精神表達的就是它的自身，而「絕對宗教」的內容就是「絕對真理」。黑格爾還強調，自我意識中的所有宗教形態，都是精神形態。因為從一定意義上來說，沒有虛假的宗教，只不過在一些宗教裡面，精神形態還沒有達到能和自我意識相匹配的程度。

黑格爾對於宗教研究較別人深刻之處，除了他的思想，還表現在他的態度上。首先，黑格爾十分重視宗教的歷史形態，這就使他在研究宗教本質的同時，也沒有忽視研究宗教的歷史。這也是黑格爾對西方哲學革命性的貢獻；其次，黑格爾始終是以哲學的角度闡釋不同宗教的現象；最後，黑格爾對其他宗教也特別關注，不僅對其他宗教加以研究，還對其他宗教在不同的歷史時期表現出的形態加以探討，以其他宗教的存在，作為探討和反省的部分，這是黑格爾哲學「現代性」的重要精神之一。

黑格爾首次講授宗教哲學是在西元一八二一年，地點為柏林大學。他先後三次講授了宗教哲學，每一次對講稿作出變動與修改，表明其不斷深化與修正的反思。當宗教哲學作為一個學科建立的時候，毫無疑問地引發了軒然大波，各持己見的哲學家和神學家們展開了激烈的辯論。而辯論的最大話題則是，人能不能透過理性去認識上帝？當時有一批以史萊馬赫為代表的「情感宗教」者斷言，人們從上帝那裡什麼也不能「知道」，人們並不能「認識」上帝。黑格爾認為，史萊馬赫這種說法是錯誤的，是與基督教的整體本性相對立的。宗教作為一種精神形態存在，而精神方面的目標是無法透過感性的方式來達到的。

黑格爾舉例說，你不可能透過給一個盲人描述多種多樣的顏色而讓他看得見顏色，故必須把精神從低等的感性水平和外界客觀的束縛中解脫出來，人的宗教情感才能從心中升起。黑格爾認為，只有能動對宗教進行哲學式的認識，用思辨哲學去解釋宗教信條，人的宗教意識才能被喚醒。黑格爾說：

「哲學的內容、它的需要和興趣，同宗教是完全相同的；宗教的對象是永恆真理、神和神的啟示。當哲學揭示宗教時，它只不過是揭示自身，而當它揭示自身時，它也就在揭示宗教。」這樣一來，黑格爾就直接把他的唯心論和宗教聯繫了。

黑格爾直接把哲學稱之為神學，而哲學的研究也就是對神學的研究，把上帝看作是哲學研究的對象，而且在某種意義上來說，是哲學研究的唯一對象。哲學是研究世間萬物的，只有哲學能對萬物說出理由，因為它是研究上帝的。這也體現了黑格爾哲學中僧侶主義的實質——無論宗教還是哲學，最終都是為神服務的，兩者的不同之處僅在於侍奉方式不同。也就是說，宗教和哲學的不同在於形式而不在於內容，在哲學中，理念是在邏輯的「純粹性」中作為思想被揭示的，「因而，理念的內容本身就是思想的規定，也就是說，是思想透過自身和由自身發展起來的全部規定本身」。哲學中的精神起初在純思維中活動，然後反映到自然界，最後由精神返回到自身，過渡到絕對理念；而宗教哲學則是從哲學觀點來考察宗教對於絕對理念的描述的，說明理念怎樣「作為精神在無限的現象中表現出來和顯露出來」。

所以黑格爾認為哲學在宗教之上，不認為哲學的本身是一種宗教。黑格爾說：「因此，哲學也就是神學，而研究哲學，對自身說也就是為神服務。」到了最後，哲學和宗教合而為一，生命和認識合而為一，感性和理性合而為一，真理本身就自動並且完整地浮現出來了。

在黑格爾看來，宗教的特徵是：絕對精神以表象的形式在宗教中自我揭示出來。「在宗教概念裡，本質就是自我意識。而自我意識就是意識到自己是一切真理，並且在真理中包含有一切實在。」黑格爾認為，宗教與哲學不同，它對於一切人都是存在的。黑格爾的宗教哲學的形上學力圖證明，凡是精神存在的地方，這個精神性就極力地追求對自身的認識，追求同自我意識的其他各種形式的統一。黑格爾構建的宗教哲學的形上學思路非常廣闊，以至直到今天，還沒有被各種宗教哲學理念完全理解和吸收。

哲學和哲學史

「哲學」是絕對精神發展的最高形式。

黑格爾認為，相對於「藝術」來講，「宗教」雖然更加適合表現絕對精神，但是宗教仍然是不科學的，表現「絕對精神」仍然是相對的。「絕對精神」要想上升到更高層次的認識自己的形式，就必須揚棄「宗教」和「藝術」而最終進入到「哲學」。那麼，什麼是哲學呢？黑格爾認為，哲學是以「純概念」的形式把握「絕對精神」的，是「絕對心靈的自由思考」，只有「哲學」才能用系統的思想去把握在宗教裡只是主觀感受性的內容。哲學之所以如此，是因為它把藝術的客觀性和宗教的主觀性系統地結合在了一起。「哲學」的研究對象——「純概念」和「純思想」是與「絕對精神」最適合的形式；只有哲學研究才能達到真正的真理性認識。

黑格爾認為，「絕對」是由邏輯理念、自然和人的精神三個環節構成的、包括一切的統一整體，而哲學又是以「絕對」為研究對象的，所以哲學就是要認識以邏輯、自然和精神三個環節各為中項連結兩端而構成的三種過程的體系，即「絕對精神」。正如黑格爾所描述的一樣，「在最高的真理裡，自由與必然、心靈與自然、知識與對象、規律與動機等的對立都不存在了，總之，一切對立與矛盾，不管它們採取什麼形式，都失其為對立與矛盾了」，

「只有這種最高的統一體的實在才是真實、自由和滿足的境界。這種境界裡的生活，這種對真實的心滿意足，作為情感，這就是享受神福」。當人的精神上升到哲學，「人的精神」就會與「絕對精神」合為一體，成為人類精神所能達到的最高形態了。

黑格爾認為，哲學史和哲學一樣都是以從低等到高級、從抽象到具體的理念發展為考察對象的，因而兩者是一致的。例如黑格爾說，「哲學是在發展中的系統，哲學史也是在發展中的系統，這就是哲學史的研究所需闡明的主要一點或基本概念」。所以，哲學史本質上也就是哲學這門科學；但是，哲學和哲學史在表達理念的方式上還是存在差別的：

哲學是以純概念、純範疇的邏輯推演的方式表達，而哲學史則是以時間中、經驗形式中不同階段的具體形態來表達的。黑格爾認為，整個哲學史是一個有必然性、有次序的進程。以前發展過的每一個具體的哲學體系都是哲學史的一個特殊的方面，一個具有普遍性的根本原則，哲學史上的一個具體的體系為另一個具體的哲學體系所代替，從本質上來講，這是一個必然的有規律的發展過程。

黑格爾認為，哲學史是真理的發展史。哲學史是哲學把握絕對理念的歷史，是由貧乏到豐富、由具體到抽象的認識真理的過程。黑格爾說，「那初期開始的哲學思想是潛在的、直接的、抽象的、一般的，亦即尚未高度發展的思想。而那較具體較豐富的總是較晚出現，最初的也就是內容最貧乏的」。也即，哲學史上每一個具體的哲學體系，都是絕對理念發展過程中的一個具體的環節，是人類認識真理過程中的一個階段。後起的哲學體系是對以前發展過的哲學體系的否定、繼承或者提高。後起的哲學體系從本質上講包括了以前任何哲學體系的根本原則。例如黑格爾說，「那在時間上晚出現的哲學體系，乃是此前一切體系的成果，因而必定包括此前各體系的原則在內；所以一個真正名副其實的哲學體系，必定是最淵博、最豐富和最具體的哲學體系」，「那最後的哲學就是一切較早的哲學的成果」。

黑格爾的哲學，是在康德開始的近代德國唯心論哲學的基礎上發展完成。黑格爾在客觀唯心論的基礎上實現了主體和客體、思維和存在的統一，從哲學的理論上維護了啟蒙思想的理性權威和人的自由尊嚴，第一次全面系統地論述了辯證法的一般運動形式，並在此基礎上建立了龐大的哲學體系。黑格爾在哲學史上的功績是有目共睹的。恩格斯曾經說：「黑格爾第一次——這是他的偉大功績——把整個自然的、歷史的和精神的世界描寫為一個過程，即把它描寫為處在不斷的運動、變化、轉變和發展中，並企圖揭示這種運動和發展的內在聯繫。」恩格斯又說：「辯證的思維方式以及關於自己的歷史的和精神的世界在不斷產生和消失的過程中，無止境地運動著和轉變著的觀念……這就是黑格爾哲學留給它的繼承者的遺產。」

這個「遺產」就是辯證法。但是，從另一個角度看，黑格爾保守的、形上學的思辨唯心論體系和他的革命的、辯證方法之間實際上是矛盾的，這也是黑格爾哲學的內在矛盾。黑格爾的辯證法是概念的辯證法，並且是與唯心論體系結合在一起的。所以說，黑格爾哲學體系和方法的矛盾是內在的，而且是複雜的。一方面，黑格爾哲學的基本結構是強制性的，其中包含著許多荒唐和神祕的內容；另一方面，在這種神祕的體系中，黑格爾的確是論述了許多有價值的思想，尤其是辯證的方法。

黑格爾的辯證法貫穿於黑格爾整個哲學體系之中，也正因為如此，黑格爾的哲學體系和方法是很難分開。一方面，黑格爾的體系和方法是很難分開；另一方面，黑格爾的哲學體系和他的方法本質上又是矛盾的（其實質在於唯心論和辯證法的矛盾）。所以方法受到了束縛和窒息，體系又壓制了方法，因為黑格爾的方法是為體系服務的，而為了體系的完整性，有時就只能犧牲方法。

總而言之，唯心論的哲學體系決定了黑格爾的辯證法的不徹底性，更決定了其方法無法達到真正科學的形態。

第六章 黑格爾的法哲學

黑格爾的法哲學原理是西方法律思想史上的重要一頁，他的辯證法貫穿了他的整個法哲學，他把法的現象歸納成為一個完整全面的體系，他的理論幾乎涉及了當時存在的各種法律部門；然而，由於黑格爾的哲學體系是建立在唯心論的基礎上的，強調一種客觀精神，所以以現在的眼光來看，它存在著一定的缺陷，這就要求我們在學習的過程中有所選擇，有所取會。

法哲學

黑格爾的法哲學實際上是對「精神哲學」中的客觀精神的具體闡述。

黑格爾認為，「精神哲學」必須從「主觀精神」過渡到「客觀精神」才能最終過渡到「絕對精神」。相比較主觀精神，「客觀精神」作為一種「法」的精神，一種「法」的哲學，主要體現為制度，是客觀的，實際上也就是我們通常所講的人類社會歷史。而人類社會歷史本身的發展雖然說存在著偶然性和必然性，但是並不是絕對盲目的，而是按照一定的規律向前發展的。那麼，如何從哲學的角度揭示人類社會發展的內在規律呢？這自然是哲學自身應該解決的問題。黑格爾的「法哲學」力圖解決這個問題。

具體來講，黑格爾的法哲學應該從以下幾個方面來理解：

首先，法哲學是以法的理念為研究對象的科學。黑格爾認為，任何事物的存在都不是偶然的，而是有一個恆定的內在規定。客觀精神就是事物存在的內在規定。內在規定經過自身的外化或者自身異化，最終在現實世界中實現自己就形成了「定在」的事物。所以說，看待事物，不應該僅僅看到它存在的表面，即「定在」；當然，也不能僅僅看到它存在的內在規定，即客觀精神。而應該把事物的表面現象（即「定在」）和內在規定（即客觀精神）統一起來認識事物。理念就是內在規定（即客觀精神）與「定在」的統一。「法哲學」的目的在於從哲學的角度揭示人類社會發展的內在規律（即「法」）。所以，法哲學應該以集「法的內在規定」與法的「定在」於一身的「法的理念」為研究對象。

其次，法哲學是哲學的一個部分。一提到「法」，我們就自然而然會聯想到「法律」，但是，黑格爾的「法哲學」所講的法和我們通常所理解的法律並不是一個概念，這一點必須清楚，否則就會發生理解上的偏差。黑格爾認為，法哲學所研究的法是客觀的、自在自為的、不以法學家的意志為轉移的法；而以實定法律為對象的法，是以立法者已確定的法律為對象，指出什麼是合法，什麼是不合法，什麼是定義的法、形式的法、主觀的法。也就是說，法哲學上所講的法研究的是法的概念運動，而實定法律研究的是具體的法律，兩者最大區別就在於：法哲學上所講的「法」是客觀的；實定法律研究的「法」是主觀的。當然，雖然說法哲學所研究的法和實定法律所研究的法是有區別的，但是它們之間的聯繫還是存在的，至少它們在一般情況下是相符合的。也正因為法哲學所研究的法是客觀的、自在自為的、不以法學家的意志為轉移的法，所以法哲學的研究是符合哲學的研究精神的，法哲學研究應該是哲學研究的一部分。

再次，法的理念是自由。黑格爾認為，法是自我存在的精神和它透過人的意志所體現出來的精神世界之間的統一。也就是說，「法」不僅僅是自我存在的精神，更是透過人的意志所體現出來的精神世界。或者說，法的出發點，就是人的意志。那麼意志又是什麼呢？黑格爾認為，意志的根本屬性就是自由。具體來講，意志和自由是相互依存的，一方面，沒有自由的意志根本不能稱為意志；另一方面，自由只有作為意志，才是真實的意志（即人的意志）。在此基礎上，黑格爾認為，法的體系就是實現自由的王國，只有在法的體系裡才能找到真正的自由。

黑格爾認為，從法的內容上來看，「自由理念」在各個階段的評價標準是不同的。也正是因為如此，隨著「自由理念」的階段劃分，黑格爾完整的法哲學體系也逐漸形成了。再者，由於意志又是直接的，從這一「直接的意志」中便可以抽象出人格的概念。這樣，自由的意志即為抽象的意志，這就是人。

其次，意志的外部性在自身的反思中會形成一種主觀意志的法，黑格爾把這種意義上的法稱為「道德」。

再次，道德還會向前發展，最終與人格中善的概念形成統一，最終形成了「倫理」。「倫理」最初的發展階段是在家庭之中。慢慢地，「倫理」在家庭的分裂現象中形成了「市民社會」。「市民社會」再向前發展，也就是說當特殊意志的自由具有獨立性時，便形成了「國家」。

相對來講，「國家」是客觀精神發展比較高級的階段，國家之法比其他各階段都高。其實，從某種意義上講，黑格爾的全部哲學所講的都是理念的發展，例如邏輯學、自然哲學和精神哲學分別描述現象發展的三大階段。這裡所講的「國家範疇」正是在精神哲學中提及的，屬於客觀精神階段，而其哲學就是講客觀精神發展。

在黑格爾這裡，客觀精神被分為抽象法、道德、倫理三個階段，具體內容包括抽象法、道德、倫理、家庭、市民社會、國家、世界歷史以及一系列的法律思想。

自由

所謂自由，就是指獨立自主性，亦即自己是自己的決定者。

如果有一個外在的他物決定著「我」的行動，則「我」就不是自由的。絕對理念是絕對自由的，因為它完全獨立自主地自我發展。黑格爾還對自由進行了具體的層次上的劃分：自由的第一個層次是抽象自由，抽象自由是最低層次的自由，當主體把自己的意志作為自己思維的對象、作為普遍性的時候，這種意志所體現的就是絕對的自由或者說是抽象的自由；自由的第二個層次是任意自由，任意自由的意思是，「我」在千萬種待選擇的選擇中出於我的自由意志選擇了一種；自由的第三個層次是具體自由，具體自由是自由的最高層次，是「抽象自由」和「任意自由」的統一體：一方面，「我」選擇，另一方面，「我」仍然具有自由，兩者互不干涉。

什麼是自由呢？黑格爾認為，所謂的自由，就是指獨立自主性，也就是說，自己在自己本身中，自己依賴自己，自己是自己的決定者。相反，如果有一個外在的他物決定著「我」的行動，或者說我是存在於他物之中，受他物支配的，那麼，「我」就不是自由的。黑格爾認為，絕對理念是絕對自由的，因為「絕對理念」完全獨立自主地自我發展，不依賴自身之外的任何的他物，自己是自己的決定者。正如黑格爾所講，「自由正是在他物中即是在自己本身中，自己依賴自己，自己是自己的決定者。……只有當沒有外在於我的他物和不是我自己本身的對方時，我才能說自由」。

其實，從黑格爾對「自由」這一概念的表述我們可以看出，黑格爾所理解的「自由的程度」跟一個人獨立自由的能力是成正比的。也就是說，一個越是能自決，越是能支配自己行動的人，他就越自由；反之，自由的程度就會遞減。

這樣看起來，黑格爾是不是走了一個極端呢？也就是說，是不是黑格爾認為，那些完全按自己的衝動行事的人就是最自由的呢？事實上並非如此。

黑格爾認為，自由實際上不等於任意妄為。在這裡，黑格爾把自由與任性嚴格地區分開來。黑格爾認為，任意妄為的行為即任性從本質上講其實不是他自己，也不是自由，相反僅僅是一種外在的東西。因為任意妄為的行為完全離開了關於義務與責任的考慮。所以，黑格爾認為，表面上看去是自由的「任意妄為的行為」，即使是自由，也只能是形式上的自由。例如黑格爾說，任意妄為的行為「只是被他自己的衝動所決定的人，並不是在自己本身內：即使他被衝動驅使，表現一些癖性，但他的意志和意見的內容卻不是他自己的，他的自由也是一種形式上的自由」。

總而言之，黑格爾所講的自由雖然表示獨立自主性，但同時又是有限制的、有義務的、有責任的自由。並且，這裡所講的「限制」並不是獨立與自由之外的限制，而是在自由自身之內的限制。也就是說，黑格爾在這裡講的自由自身的「限制」是自由自身的一項內容，是自由與生俱來的，沒有這樣的限制，自由便不成為自由。所以黑格爾說，「自由的真義在於沒有絕對的外物與我對立，而依賴一種『內容』，這內容就是我自己」。「所謂自由，即從一切『有限』事物中擺脫出來，抓住事物的純粹抽象性或思維的簡單性」。所以說，那種把自由和限制絕對對立起來的觀點，是一種抽象而不真實的觀念。因為「自由本質上是具體的，它永遠自己決定自己，因此同時又是必然的」。

黑格爾還對自由進行了具體層次上的劃分：

• 自由的第一個層次：抽象自由

當主體把自己的意志作為自己思維的對象、作為普遍性的時候，這種意志所體現的就是絕對的自由或是抽象的自由。這種自由是自由的最低層次，黑格爾認為，這是一種「絕對的抽象的可能性」，或是一種「抽象的否定」。比如我們說，人生來就有自由，不管是什麼樣的人，不論世界上討飯吃的一個乞丐，還是在豪華的宮殿裡一呼百應的國王，他們的選擇（即自由）都有一種無限的可能性。這種「無限」的可能主要體現在選擇對象的可能性的「無限」。例如：一個人生活在這個世界上即是在被統治，被「規定」的情況下，他所選擇的生活方式也是存在「無限的可能性」的。這裡的選擇上的「無限的可能性」本身就表現為一種自由。一個人可以做某件事，也可以不做；可以做另外一件事，也可以不做，這一個選擇的過程實際上也是一個否定的過程。黑格爾把這種自由稱為抽象的自由或者消極的自由。這種所謂的消極的自由最低等的體現也就在於「我」能放棄一切，擺脫一切。例如：處於絕望中的人以自殺的方式來放棄自己的一切。「自殺」的這一過程本身也是一種抽象的、消極的自由的體現。具體來講，在抽象的自由的層次，「我」面臨著多種選擇，有無限的自由，但是還沒有作出選擇；抽象的自由所處的狀態就是一種未對自由進行選擇的「未選擇狀態」。

- **自由的第二個層次：任意自由**

和抽象的自由處於一種未對自由進行選擇的「未選擇狀態」不同，自由的第二個層次——任意自由的意思是：「我」在千萬種待選擇的選擇中出於我的自由意志選擇了一種。這裡必須強調一點，在任意自由裡：

（一）必須是「我」已經作出了選擇；

（二）作出的這種選擇是出於「我」自身的自由意志作出的選擇。

歸納起來，任意自由就是，主體設定一個特定的東西作為對象的意志。但是，任意自由是有束縛的自由，還不能體現自由的全體。為什麼這樣說呢？試想一下，當「我」從千萬種待選擇的選擇之中選擇一種之後，這也就意味著「我」必須要放棄掉除去這一種「已經選擇」之外的其他，這樣看來，自由本身也就是在「放棄」。另外，當「我」的選擇已經作出後，為了最終實現這個選擇，就必須全身心地為實現「已經作出的選擇」努力。這樣，已經選擇的自由就會對「我」形成一種束縛。這種束縛是為實現任意自由所付出的代價。

・自由的第三個層次：具體自由

具體自由是自由的最高層次，是「抽象自由」和「任意自由」的統一體：一方面，「我」選擇，另一方面，「我」仍然具有自由，兩者互不干涉。那麼怎樣才能實現具體自由呢？怎樣才能既選擇了一個對象，又不讓這個對象構成對自己的束縛呢？黑格爾認為，要真正達到具體自由，就必須在他物中守在自己本身那裡。也就是說，「我」雖然作出了選擇，但是「我」不會受選擇對象的束縛，「我」在作出選擇對象的同時也絕對不背叛自己本身；讓自己本身和「所選擇」達到和諧，不是把自己完全交到他物中，而是在他物中體現自己。例如：一個人選擇了一個目標，如果他僅僅是為了實現這個目標而奮鬥的話，他就會完全為這個選擇所束縛；相反，如果他認為實現這個目標是為了真正體現自我的時候，那麼，他即使為這個選擇付出的再多，他也絲毫不會覺得自己受到了任何束縛。

抽象法

抽象法是客觀精神發展的第一個階段。

抽象法就是自由透過對外物的占有以實現自身，而作為自由的直接實現首先就是「所有權」。黑格爾把人的這種因為自由和意志而擁有的對財產的占有權，定義為「抽象的權利」。黑格爾認為，人對財產的占有權主要應該體現在以下三個方面：

（一）作為自由的個人有占有物的權利。

（二）個人有轉讓占有權的權利，這是意志對占有物的放棄，也就是將所有權由一方轉移於他方而獲得實存，而對占有物的轉讓的必然結果就是契約。

（三）契約的基礎儘管是理性，但人們還總是從特殊意志即主觀的利害去進行交換活動。

抽象法是客觀精神發展的第一個階段。

黑格爾認為，「自由是意志的根本規定，正如重量是物體的根本規定一樣。重量構成物體，而且就是物體。說到自由和意志也是一樣，因為自由的東西就是意志。有意志而沒有自由，只是句空話；同時，自由只有作為意志，作為主體，才是現實的」。黑格爾認為，人人都有意志，人人都有自由，當然，也正是因為如此，人人都有伴隨自由意志而俱來的「權利」。黑格爾把這種權利叫做「抽象法」。

在抽象法中，黑格爾就是要力圖透過所謂的自由意志推演出人對財產的占有權。抽象法就是自由透過對外物的占有以實現自身，而作為自由的直接實現首先就是「所有權」。相應地，黑格爾把人的這種因為自由和意志而擁有的對財產的占有權定義為「抽象的權利」。黑格爾認為，人的這種權力之所以是抽象的，是因為「人」是作為一個單獨的存在——「人」享有這種權利的，與「人」的任何社會角色（例如國家公民）無關。

黑格爾認為，人對財產的占有權主要應該體現在以下三個方面：

(1) 作為自由的個人有占有物的權利

黑格爾認為，自由的個人有占有物的權利，這不容置疑，是自然而然的事情。黑格爾說，占有財產並不僅僅是為了個人的主觀需要，而且是客觀精神決定的權利。試想一下，財產是自由的最初的定在，只有人具有所有權才是作為理性而存在的，否則，財產的存在就脫離了「理性」、「客觀精神」的規定。因此，黑格爾認為，人是應該擁有占有私有財產的權利的，否則就是否定人的自由和理性，就是侵犯人的權利。當然，侵犯人的權利也就是脫離了精神自由的本性和法的本性。

（2）契約

作為自由的個人有占有物的權利，從另外一個角度來看也表現為放棄自己對某物的所有權。黑格爾把個人自願放棄對占有物的所有權的行為稱為「轉讓」。具體來講，個人有轉讓占有權的權利，這是個人意志對占有物的放棄，也就是個人自願將所有權轉移於他方而獲得實存，而對占有物的轉讓的必然結果就是契約。在黑格爾看來，所有權還僅僅表示是對自己有關的單個人的自由；所有權的進一步肯定會突破這種單個人的自由法，而與他人發生關係。事實上也正是如此，所有權的進一步發展就是具有所有權的雙方在保持各自權利的條件下實現所有權的轉讓，這就是「契約」。

針對具體什麼樣的占有權可以轉讓，或者什麼樣的占有物可以轉讓，黑格爾認為，可以轉讓的物品不僅僅限於個人占有，甚至個人的身體和精神的特殊技能以及活動能力，只要是出於個人的自願都可以轉讓。在這裡，黑格爾實際上就是在說，勞動力也是可以進行買賣的商品。實際上，這是黑格爾在為資本主義的生產關係進行辯護。在黑格爾看來，資本主義的商品交換關係是各自獨立的雙方的平等、自願契約的關係，並認為契約是出於理性的必然，是一種客觀精神的關係。例如他說：「就人的意志說，導致人去締結契約的一般需要，表示好感、有利可圖等，但是導致人去締結契約的畢竟是自在的理性。」

(3)「不法」或者「犯罪」

在黑格爾看來，雖然說契約的基礎是理性，但實際上人們在現實生活中還總是會從特殊意志（即主觀的利害）去進行交換活動。這樣看來，契約終究沒有脫離任性階段，很可能陷入「不法」或者「犯罪」。那麼，什麼是「不法」或者「犯罪」呢？黑格爾認為，所謂「不法」和「犯罪」就是對私有主的所有權的侵犯，換句話說，就是「違背契約」。那麼，又該怎樣應對這種「不法」或者「犯罪」呢？黑格爾在這裡引入了「刑罰」的概念。黑格爾認為，「不法」或者「犯罪」必然會導致自己的否定方面——刑罰。黑格爾認為，透過刑罰可以懲治「不法」或者「犯罪」，從而恢復和維護「正義」，引向「道德」。例如黑格爾說：「這樣，在犯罪中被揚棄了的直接性透過刑罰，即透過否定的否定，而導向肯定——導向道德。」

道德

在道德領域中，自由意志已經轉移到了主體「自我」的內部，已經體現為道德的「意識動機」和「道德觀點」。

道德是客觀精神發展的第二個階段，黑格爾稱，道德是一種「內心的權利」，是一種「主觀意志的法」。因為在道德領域中，自由意志已經轉移到了主體「自我」的內部，已經體現為道德的「意識動機」和「道德觀點」。道德的發展分為以下三個小階段：

一、故意與責任

「故意與責任」是道德發展的最初階段。在「故意與責任」階段，道德意志要對「故意行為」的結果「負責任」，只要是出於「故意行為」造成的結果，「故意行為」的行為者都要對其（「故意行為」造成的結果）負責。當然，這裡的故意行為只是關於行為的「個別性」和「直接性」，至於「故意行為」外部的「複雜性」和「偶然性」，行為者不可能都考慮到。因此，黑格爾在這裡所講的「故意行為」的行為者都要對其（「故意行為」造成的結果）負責，只是指行為者只對他自己所知道的自己所做的事情承擔責任。

此外，黑格爾還在這一內容中論述了「動機」和「效果」的辯證關係。黑格爾認為，「動機」和「效果」在本質上是統一的，因為從根本上來講，「動機」必須透過「效果」來驗證，而這裡所講的「統一」和「驗證」是「動機」和「效果」兩者矛盾發展的兩端。例如黑格爾在他的著作中這樣論述道：「主體就等於它的一連串的行為。如果這些行為是一連串的無價值的作品，那麼，他的意志的主觀性也同樣是無價值的；反之，如果它的一連串的行為是具有實體性質的，那麼，個人的內部意志也是具有實體性質的。」

二、「意圖和福利」

「意圖和福利」是道德發展的第二個階段。在這個階段，黑格爾把道德和幸福、福利聯繫在了一起，認為道德和幸福實際上也是統一的。首先，黑格爾認為，「人是生物」這一事實並不是偶然的，而是絕對符合理性的發展的；

其次，人作為生物，他的感覺慾望決定了他必然要竭力追求幸福，因此，人的感覺慾望對於幸福的追求並不是卑下的、不合理的，而正好也是符合理性的發展的。總而言之，作為生物的人有權把他自己的需要和慾望作為他終生追求的目的。但是單個的人追求幸福是不是會和社會共同、普遍的幸福相矛盾呢？黑格爾說，「個人自己的主觀滿足（包括他的榮譽得到承認在內）也包括達到有絕對價值的目的在內……只有把現有的東西提升為某種自己創造的東西才會產生善的更高境界。」很顯然，黑格爾認為，單個的人追求幸福並不是和社會共同、普遍的幸福相矛盾的；雖然在道德生活中確實存在著主觀、特殊的目的（個人幸福）和客觀、普遍的目的（義務）的矛盾，但這兩者不是絕對不相容。

三、「善和良心」

「善和良心」是道德發展的第三個階段也是最後一個階段。黑格爾認為，「善」是個人意志和普遍意志的統一，是被實現了的自由，也是道德行為者意識到的「普遍福利」同法的統一。黑格爾在論述「福利」和「法」對「善」的影響時說，「福利沒有法就不是善，同樣，法沒有福利也不是善」。因此，善是高於抽象法和個人福利的「絕對法」，是道德追求的最高目標。

「良心」是在「善」之後，是作為個體的人在內心對「善」的把握和判斷。但是判斷良心是不是真正的「善」，不能以「主觀自我確信」為標準，僅僅是建立在主觀自我確信基礎之上的「善」，有時候很可能就是「善」的絕對反面——「惡」。於是，黑格爾認為，「良心」要最終實現自己，變成真實的「善」，必須要突破主觀自我確信這道「防線」，進入客觀，最終在中社會生活的現實關係中實現自己。例如黑格爾說，「主觀的善和客觀的、自在自為地存在的善的統一就是倫理」。在這裡，黑格爾在論述「善」和「良心」的關係時，不僅考慮到了個人內心的判斷標準，而且注重從客觀中，從現實的社會關係中來考察「善」和「良心」，這是十分難得的，儘管黑格爾是在客觀唯心論的標準之上來考察這些關係。

家庭

黑格爾認為，「家庭」是最初的直接的倫理實體，是以愛為規定的集團，是自然的倫理精神。

家庭有以下幾個環節：

家庭的第一個環節是「愛」。黑格爾認為，家庭的最顯著的特性便是「愛」。從實質上講，家庭就是靠愛結合起來的，沒有「愛」，便沒有家庭，或者說「沒有愛，就沒有實質意義上的家庭」，因為「家庭」就體現在家庭成員之間在「愛」的基礎上聯繫起來的一個集體。關於「愛」，黑格爾認為，愛是「自我感受著的統一性」，是一種精神基礎。在家庭之中，各個家庭成員首先對自己的定位並不是一個「獨立的、孤立的人」，而是一個統一體中的一部分。在這裡，家庭體現出來的就是一種關於「愛」的倫理精神，一種精神上的「感受性」。

家庭的第二個環節是「婚姻」。婚姻是家庭的基礎。在這裡，作為家庭基礎的婚姻不僅僅單純地指兩性的自然屬性方面的關係，也不是單純地指婚姻的契約關係，而是指具有「法」的意識的倫理性愛，更是指一種倫理精神。例如：黑格爾認為，作為直接倫理關係的婚姻不僅包含著「自然生活」的因素，更應該並且是必須包含有「自我意識」的因素。因為單純的「自然生活」的因素是不統一的或者說是不穩定的，還沒有足夠的能力構成倫理意義上的「家庭」。而「自我意識」首先包含著「愛」，包含著足以構成倫理意義上的家庭的重要因素——「愛」。

也就是說，在自我意識的推動下，單純的「自然生活」才能轉變為精神上的統一，也才能最終實現婚姻。因此，婚姻是具有「法」的意義的倫理性的愛，並不像我們有些人所認為的那樣是單純的兩性結合。當然，婚姻是需要契約的，但是任何把婚姻單純地看成是赤裸裸的契約關係的觀點也是絕對錯誤的。作為具有倫理意義的婚姻是神聖的，從實質上來講是不可以離異的，但是，由於婚姻不是絕對的客觀結果，而是含有主觀感覺的環節的，因而就有產生「離異」的可能性。另外，黑格爾還認為，婚姻關係中的男子與女子的地位應該是有所不同的，男子的實質性生活領域應該是外界，例如從事國家、科學、勞動等鬥爭性生活；女子相對來講的實質性生活領域應該是「內部生活」，或者叫「守家禮」。

家庭的第三個環節是「家庭財產」。作為婚姻的主角，夫妻雙方應該把自己的人格同一化，而事實上也正是如此。現實世界裡，夫妻雙方人格的同一化表現在物質方面，即體現在財產上，任何一個人都沒有特殊的所有物，只有對於共有物的享有權利。事實上，「家庭財產」對於一個家庭來講非常重要。雖然說家庭是「愛」維持的集團，但是「愛」只是限於精神層次，並不能解決一個家庭正常的、現實的、具體的生活需求。一個家庭要想正常地維持下去，家庭財產非常重要。透過「家庭財產」，家庭中每一個成員的特殊慾望和需求就會「轉變為對一種共同體的關懷和增益，就是說轉變為一種倫理性的東西」。所以說，只有「家庭財產」才能從物質上維持家庭的正常運轉，才能真正實現一個真正的家庭。

家庭的第四個環節是「子女教育和家庭解體」。對於一個家庭來說，夫妻雙方人格的同一化表現在物質方面即是家庭財產，而表現在精神方面就是家庭的另一個環節所要講述的問題，即「子女教育和家庭解體」。我們已經知道，家庭是以愛的情感聯繫起來的統一體。事實上，在進一步發展中，隨著子女獲得獨立性和自由的人格，便會建立新的家庭成員關係，例如父子關係、母子關係等。教育的目的就是要以「感受性」的方式給子女灌輸相應的家庭或者社會倫理原則和習慣，使子女的意識和意志從屬於普遍的社會意識和普遍的社會意志，以至於讓子女能適應社會環境、更好地在社會上生存。另外，家庭的教育還包括使子女獲得「獨立性」，讓子女具備「脫離家庭的自然統一體的能力」。「家庭的解體」就是隨著家庭子女獲得獨立性而實現的，因為「子女獲得獨立性」就會自己組建新的家庭，直接導致原先的家庭解體。

市民社會

黑格爾說，「市民社會中，每個人都以自由為目的，其他一切在他看來都是虛無的。

但是，如果他不同別人發生關係，他就達不到他的全部目的，因此，其他人便成為特殊的人達到目的的手段。但是特殊目的透過同他人的關係便取得了普遍性的形式，並且在滿足他人福利的同時，滿足自己」。

實際上，在黑格爾看來，市民社會是處於家庭和國家之間的差別的發展階段。如果說「家庭」是把獨立的個人結合成為整體的人，那麼，「市民社會」就是指外在地聯繫在一起的原子式的個人，也就是說，市民社會是由每個特殊人的滿足自己需要和由這些需要的整體所構成的混合體，亦即任性和普遍性的混合體。

在這裡，必須對「普遍性的混合體」中的「普遍性」有一個正確的理解。這裡所講的「普遍性」是以「利己」為基礎同時又依賴普遍性，受普遍性的控制。當然，黑格爾的社會倫理講的就是現代世界中形成的人們之間的經濟關係，也即資本主義經濟關係。市民社會主要有以下兩個環節：

一、「需要的體系」

「需要的體系」是市民社會的第一個也是最重要的環節。黑格爾認為，一般來講，需要是孤立的單個人的需要。但是從「需要的滿足」的角度來看，需要則具有社會性，正如黑格爾所講，「既然我從別人那裡取得滿足的手段，我就得接受別人的意見，同時我也不得不產生滿足別人的手段。於是彼此配合相互聯繫，一切個別的東西就這樣成為社會的」。也就是說，一個人需要的東西很可能同時也是其他人需要或所有的東西，所以說，人是作為社會的存在出現在市民社會上的，這還只是「需要的體系」的一個方面。

其實，不僅僅是「人」和「人」之間存在一個「需要的體系」，「人」和「自然」之間也存在一個「需要的體系」。因為「人」是生活在自然界中的，不可能脫離自然界而自為生存，生活在自然界的人都必須要透過勞動在自然界獲得生存的資料。但是「人」和「自然」之間的這個「需要的體系」最後還是必然要回到「人」和「人」之間的「需要的體系」中去的，因為個人的勞動是不可能滿足自己生活在這個世界上的所有「需求」或者「慾望」的。因此，勞動的最直接的結果並不僅僅是為人類提供了生存在這個世界上的手段，也不僅僅是提供了豐富的社會財富，更體現在加強了社會上的「人」和「人」之間的互相依賴。也就是說，「人」和「自然」之間存在的「需要的體系」的結果是加強了需要的體系的第一個方面，即「人」和「人」之間的「需要的體系」。

在需要的體系裡，黑格爾注重論述出現在市民社會中的「人」和「人」之間的關係，把複雜的市民社會最終歸結到一個體系——「需要的體系」。

二、「司法」

「司法」是市民社會的第二個環節。黑格爾認為，在市民社會，「抽象的法」被具體化，被制定成了約束市民社會中人的行為或者人與人之間行為的法律。這樣，法律如何制定、制定什麼樣的法律、怎樣實行法律以及如何懲治觸犯法律的人就顯得非常重要。「司法」雖然是一個現代意義非常強的提法，但實際上在人類社會形成之初，類似「司法」的人類活動就已經開始了。可以說，「司法」是一個市民社會正常維持並向前發展的「法寶」，「法律」是一個市民社會集體的意志表現。

因此，在市民社會裡，犯罪已經不再是單純意義上的侵犯某一個單獨的個體人的利益，而是侵犯了整個市民社會的共有的原則，違反了整個市民社會的集體的意志。因此，「違法」具有強烈的社會危害性，是社會意義上的違法。在黑格爾看來，「司法」不僅僅是一個市民社會稱其為市民社會的標誌，更是一個市民社會發展是否成熟的標誌。

國家

黑格爾認為，「國家」是客觀精神發展的最高階段，是「倫理理念的現實」。

在黑格爾看來，國家是由家庭、市民社會發展而來的；家庭和市民社會相對於國家來講都是部分，都是具有片面性的；國家克服了家庭和市民社會的片面性，達到了個體和整體、客觀自由和主觀自由的最終統一，實現了理性的原則，完成了精神的自由。

雖然說，國家是由家庭和市民社會發展來的，但是這是從國家的產生角度來看的。實際上，在現實生活中（當然是一般來講），國家相對於家庭和市民社會來講是本源性的，而家庭和市民社會是從國家的內部發展而來的。也即：國家是家庭和市民社會的基礎；家庭和市民社會是國家的兩個環節。

針對「國家」本身，黑格爾的論述相當詳細，黑格爾認為，「由於國家是客體精神，所以個人本身只有成為國家成員才具有客觀性、真實性和倫理性」。也就是說，國家並不像我們通常所理解的那樣只是個體的人的結合，也不是像有些學者所講得那樣僅僅是堅持個別利益或者特殊利益的人們的集合。關於「個人和國家的關係」，在黑格爾看來，「國家是比個人更高的東西」。也即：個人以國家為目的，個人利益的滿足及其活動方式必須以國家為其出發點和歸宿，個人的自由只有在國家中才能實現。

黑格爾認為，國家理念的發展分為國家制度、國際法和世界歷史三個環節。

一、國家制度

黑格爾在這裡所講的「國家制度」，指的是國家理念的直接現實，其內部主要是國家的政體及其權力的劃分。黑格爾的國家制度主要講了「立法權」、「行政權」、「王權」、「君主立憲制」、「憲法」以及「民主制原則」等內容。

首先是「立法權」，黑格爾認為，「立法權」就是確立和規定普遍性權力的權利；其次是講「行政權」，黑格爾認為，使各個特殊領域和個別事件從屬於普遍的權力就是「行政權」；再次是講「王權」，在黑格爾看來，「王權」是集「立法權」和「行政權」於一身，能對國家各種事務進行最後決斷的主觀性權力。

很顯然，「立法權」和「行政權」是「王權」的基礎和主要內容；而「王權」是實施「立法權」和「行政權」的主要手段。當然，黑格爾在這裡講的「立法權」、「行政權」以及「王權」反映的是黑格爾生活時代的德國資產階級政治上的要求。

黑格爾所講的「君主立憲制」指的就是「立法權」、「行政權」和「王權」三權結合的整體。黑格爾認為，「君主立憲制」是最合理的國家制度，國家成長為「君主立憲制」是現代國家發展的最顯著的成就。在「君主立憲制」這個體系中，黑格爾認為，「王權」是「君主立憲制」體系的頂峰和開端。當然，絕對的君主立憲制、沒有約束力的君主立憲制是不現實的，是沒有可能成為完善的「君主立憲制」的，黑格爾也看到了這一點。黑格爾認為，完善的、合理的、成熟的「君主立憲制」是應該有約束力的。那麼，用什麼來限制或者約束君主的權力呢？黑格爾認為，「合理的憲法」是約束君主權利的法寶，「合理的憲法」的最基本原則就是民主，要實行「民主制」，自由組建公民各級政府。當然，黑格爾的這些觀點在他生活的時代是具有相當時代意義的，但是這其中包含著的卻是當時資產階級在政治上的迫切需求。

二、國際法

黑格爾所講的「國際法」，指的是國家與國家之間的契約關係。黑格爾認為，世界上任何一個國家都應該是一個獨立自主的個體；而獨立自主的國家之間有時是互相聯繫在一起的，國家與國家之間應該是互相關係的。那麼，如何處理獨立自主的國家之間的關係呢？這就是「國際法」應該解決的問題。「國際法」就是指國家與國家之間約定俗成的一種契約，這種契約是建立在國家與國家之間的彼此溝通的基礎之上。

但是，國家與國家之間又不構成系統整體，各國在處理任何事情的時候都是以本國的特殊利益作為處理對外關係的最高原則的，因此，撕毀已經約定俗成的國家法，違反國家和國家之間的契約關係經常發生。那麼，如何處理這種國家之間的毀約的事情呢？黑格爾在這裡緊接著論述了「戰爭」。

黑格爾認為，如果各國的特殊意志之間不能達成協議，或者不能用已有的國家法來解決問題，那麼，國家之間就肯定會透過戰爭來解決爭端。論述到這裡的時候，黑格爾認為，不應該把戰爭看成是「一種絕對的罪惡和純粹外在的偶然性」，只要國家之間的實際利益發生衝突，又不能達成協議，那麼必然會爆發戰爭。從某種意義上來講，黑格爾的觀點是有合理的成分的；但黑格爾在這裡把戰爭看成了人類社會的一個永恆的範疇，仍有偏頗。

三、世界歷史

正如黑格爾所講的那樣，在國際法階段，「國與國之間的關係是搖擺不定的，也沒有裁判官來調整這種關係。唯一的最高裁判官是普遍的絕對精神，即「世界精神」。也就是說，作為一個獨立的利益集團，國家和國家之間的關係一直是處於一種搖擺不定的狀態，唯一能來調整國家之間的利益關係的最高法官是普遍的絕對精神。因此，在黑格爾看來，世界歷史是普遍精神的一種現實的定在。世界歷史是一個法院，它以普遍精神為準則展示形形色色的家庭、市民社會和國家這些特殊的現實。

同時，世界歷史又是普遍精神自己認識自己，自己把握自己，自己推進自己的進程。一方面，在世界歷史的進程中國家、民族和個人這些特殊的形態最終會在國家制度中實現自己；另一方面，世界歷史又在不斷揚棄這些特殊的形態的過程中邁向更高級的階段。也就是說，在「世界歷史」中，國家、民族和個人都只不過是「理性」（即世界精神）的外殼或者皮囊，都只不過是世界精神自己實現自己的工具。作為世界精神自己實現自己的工具，作為絕對精神的現實表現，國家、民族和個人的興衰成敗都取決於世界精神這個最高法官的裁決。例如黑格爾說，「理性是世界的主宰，世界歷史因此是一種合理的過程」。這一點在黑格爾世界史觀中非常重要，這是黑格爾的唯心論歷史觀的核心觀點。

世界歷史是有階段性的，黑格爾認為，世界歷史的每一個階段都會保持世界精神理念的一個必然的環節，而每一個處於這個必然環節上的民族將是最優越的民族，這個最優越的民族被黑格爾成為「世界歷史民族」。

「世界歷史民族」最直接的自然性就是它在地理學上和人類學上的實存，黑格爾認為，世界歷史民族的發展一共經過了四個發展階段：

（一）以直接的實體性精神形態為原則；

（二）以對於這種實體精神知識為原則；

（三）以對這種實體性的認識在自身中更加深入從而達到了抽象的普遍性為原則；

（四）以現實的普遍性為原則。

同時，與這四個原則相適應，世界歷史發展便經歷了東方王國、希臘王國、羅馬王國和日耳曼王國四種世界歷史民族的王國。

現在，我們再回過頭來看一下黑格爾是如何具體論述「理性」（即世界精神）的。其實從某種意義上來講，黑格爾關於「世界精神主宰歷史的觀點」非常神祕、隱晦。黑格爾認為，歷史是遵循一定的規律向前發展的；但是，黑格爾並不是從客觀歷史的發展中引出歷史本身的發展規律，而是從他的客觀唯心論出發，認為獨立於人類意識之外的世界精神（即理性）是歷史發展遵循的基礎規律。

同時，黑格爾也認為，歷史的發展不完全是絕對的，也是存在偶然性的，但是也絕對不是完全偶然性的堆積。正如黑格爾論述的一樣，「精神在本性上不是被偶然事故任意擺布，它是萬物的絕對決定者；它全然不被偶然事故所動搖，而且還利用它們、支配它們」。歷史的發展是有偶然性的，但最終決定歷史發展的仍然是「絕對精神」（即「理性」或者「世界精神」）。

既然歷史發展是按一定的發展規律向前發展，那麼，又怎麼來解釋人的主觀活動呢？黑格爾在解釋主觀活動時又是怎樣讓人類的主觀活動回歸到「世界精神」的呢？黑格爾認為，「人類總是帶著主觀目的去活動的」，這不假，但是，人類活動的結果往往在實現主觀目的之後又帶來了一系列附加的結果。這些在人類期望之外產生的「附加結果」不是偶然的，而是「世界精神」借助於人類主觀活動實現自己的結果。因此，這些在人類期望之外所產生的「附加結果」是高於人類活動的主觀目的的。所以，人類活動的最初目的雖然是主觀的，但最終仍要受到客觀目的的支配。歸根究柢，歷史發展的方向和動力是客觀，是由「世界精神」所決定的。

當然，黑格爾並沒有完全否定人在歷史發展過程中所起的作用，在肯定歷史的發展是受「主觀精神」決定的同時，也強調了人的主觀能動性對歷史發展的作用。黑格爾認為，人類的主觀目的活動最終雖然是由「世界精神」決定的，但不管怎樣，「世界精神」是借助人類的主觀能動活動來實現自己。所以說，如果沒有人類的主觀能動活動，「世界精神」不可能實現自己。這樣，不同的主觀能動活動，不同的個人興趣、需要等是人類主觀能動活動的「原動力」，同時也是「世界精神」實現自己的「原動力」。

黑格爾把不同的主觀目的（即需要、興趣、私利等）都稱為人的熱情。這樣，「世界精神」和「人的熱情」就是決定世界歷史發展的兩條主線。黑格爾形象地把「人的熱情」和「世界精神」稱為「世界歷史發展的經緯線」，亦即對世界歷史的發展來講，「世界精神」和「人的熱情」兩者缺一不可：「世界精神」是世界歷史發展的根本原因，「人的熱情」是世界歷史發展的牽動原因。當然，黑格爾在深入論述「世界精神」和「人的熱情」具體如何對世界歷史的發展產生影響的時候，並沒有解釋得十分清楚。

黑格爾在論述「人的熱情」對世界歷史的發展產生影響時，重點論述了「偉大人物」在世界歷史發展過程中的作用，「他們之所以為偉大的人物，正因為他主持和完成了某種偉大的東西；不僅僅是一個單純的幻想、一種單純的意向，而且是對症下藥地適應了時代需要的東西」。

黑格爾認為，偉大人物並不是什麼超時代的人物，只不過是世界精神的代理人。在創造不同的時代的同時，偉大人物本身也是由相應的時代所造就，而「偉大人物」在完成了世界精神所賦予他的偉大任務以後，就會自然而然地退出歷史舞台。當然，黑格爾在論述「偉大人物」的時候，誇大了偉大人物在歷史發展過程中的作用，雖然有合理的成分在裡面，但仍有「英雄史觀」的嫌疑。

總而言之，黑格爾對「世界歷史」的論述雖然從某種意義上來講存在瑕疵，例如總是逃不出「客觀唯心論的泥淖」，出發點就存在很大的爭議；但是，黑格爾認為，世界歷史的發展從本質上講是一個從低等向高級的發展過程，正如恩格斯所講，「黑格爾把歷史觀從形上學中解放了出來，使它成為辯證的」，黑格爾的歷史觀仍是值得肯定的。

附錄

黑格爾在柏林大學的講辭

諸位先生：

今天我是奉了國王陛下的詔命，初次到本大學履行哲學教師的職務。請讓我先說幾句話，就是我能有機會在這個時刻承擔這個有廣大學院的職位，我感到異常榮幸和欣愉。

就時刻來說，似乎這樣的情況已經到來了，即哲學已經引起人們的注意和愛好的希望，而這看似很沉悶的科學也許可以再次提振人們隊的認識。因為在之前，一方面由於時代的艱苦，使人對於日常生活的瑣事予以太大的重視，另一方面，在現實中最吸引人的興趣，卻在於努力奮鬥首先去復興並拯救國家民族生活上、及政治上的整個局勢。這些工作占據了人們精神上的一切氣力，各階層人民的一切努力，以及外在的手段，致使我們精神上的內心生活不能贏回寧靜。世界精神過於忙碌於現實，太馳騖於外界，而不能回到內心，轉回自身，以徜徉自怡於自己原有的家園中。如今現實潮流的重負已逐漸減輕，日耳曼民族已經把他們的國家，一切有生命有意義的生活的根源，拯救過來了，在國家內，除了現實世界的治理之外，思想的自由世界也會獨立繁榮起來的時間已經到來了。

一般來說，精神的力量在時間裡已有了如此廣大的效力：即凡現時尚能保存的東西，可以說只是理念和符合理念的表徵，凡能有效力的東西必然可以在識見和思想的前面獲得證明。特別是我們現在所寄託的這個國家，由於精神力量的高度發展，而提高其重量於現實世界和政治事件中，就力量和獨立性來說，已經和那些外在手段上使曾經勝過我國的那些國家與我們居於同等地位了。由此足見，教育和科學所開的花本身即是國家生活中一個主要的環節。我們這個大學既是大學的中心，對於一切精神教育，一切科學和真理的中心，哲學，必須尊重其地位，努力培植。

不僅是說一般的精神生活構成國家存在的一個基本環節，而是進一步說，人民與貴族階級的聯合，為獨立，為自由，為消滅外來的無情的暴君統治的偉大鬥爭，其較高的開端是起於精神之內。精神上的道德力量發揮了它的潛能，舉起了旗幟，於是我們的愛國熱情和正義感在現實中均得施展其威力和作用。我們必須重視這種無價的熱情，我們這一代的人均生活於、行動於、並發揮其作用於這種熱情之中。

而且一切正義的、道德的、宗教的情緒皆集中在這種熱情之中。——在這種深邃廣泛的作用裡，精神提高了它的尊嚴，而生活的浮泛無根，興趣的淺薄無聊，因而就被徹底摧毀。而淺薄表面的識見和意見，均被暴露出來，因而也就煙消雲散了。這種精神上情緒上深刻的認真態度也是哲學的真正的基礎。哲學所要反對的，一方面是精神沉陷在日常急迫的興趣中，一方面是意見的空疏淺薄。精神一旦為這些空疏淺薄的意見所占據，理性便不能追尋它自身的目的，因而沒有活動的餘地。當人們感到努力以尋求實體性的內容的必要性，並轉而認為只有具實體性內容的東西才有效力時，這種空疏淺薄的意見必會消逝無蹤。但是在這種實體性的內容裡，我們看見了時代，我們又看見了這樣一種核心的形成，這核心向政治、倫理、宗教、科學各方面廣泛的開展，都已付託給我們的時代了。

我們的使命和任務，就是在這年輕並且強有力的實體性基礎上培養哲學的發展。這種實體性內容的年輕化現在正顯示其直接的作用和表現於政治現實方面，同時進一步表現在更偉大的倫理和宗教的嚴肅性方面，表現在一切生活關係均要求堅實性與徹底性。最堅實的嚴肅性本身就是認識真理。這種要求——是由於要求讓人的精神本性區別於他的單純感覺和享受的生活——這正是精神最深刻的要求，它本身就是一種普遍的要求。一方面可說是時代的嚴肅性激發起這種深刻的要求，另一方面也可以說是這種要求乃是日耳曼精神的固有精神資產。就日耳曼人在哲學這一文化類別的優異成果而論，哲學研究的變化與哲學這個名詞的意義可以顯現出來，在其他民族裡哲學的名詞雖然還保存著，但意義已經改變了，而且哲學的實質認知也已敗壞，消失了，以致於幾乎連對於它的記憶和預感一點兒也都沒有留存了。哲學這門科學已經轉移到我們日耳曼人，並且還要繼續生活於日耳曼人之中。保存這神聖的光明的責任已經付託給我們了，我們的使命就在於愛護它、培育它，並小心護持，不要使人類所具有的最高的光明，對人的本質的自覺熄滅了，淪落了。

在新德國誕生前，哲學已經非常空疏淺薄，即沒有對於真理的知識認知並確信它曾經發現並證明；上帝、世界和精神的本質，乃是一個不可把握不可認知的東西。精神必須停留在宗教裡，宗教必須停留在信仰、情感和預感裡，而沒有理性知識的可能。知識不能涉及絕對和上帝的本性，不能涉及自然界和精神界的真理和絕對本質，但一方面它僅能認識那消極的東西，換言之，真理不可知，只有那不真的，有時間性的和變幻不居的東西才能夠享受被知的權利。——一方面是屬於知識範圍的，僅是那些外在的，歷史的偶然狀況，據說只有從這裡面才會得到他們所臆想的或假想的知識。而且這種知識也只能當作一種歷史性的知識，須蒐集廣博的材料從它的外在方面予以批判的研究，而從它的內容我們卻得不到真誠嚴肅的東西。他們的態度很有些像薩拉特的態度，當他從耶穌口裡聽到真理這名詞時，他反問道：真理是什麼東西？他的意思是說，他已經看透了真理是什麼東西，他已經不願再理會這名詞了，並且知道天地間並沒有關於真理的知識。所以放棄對真理的知識，自古就被當作最可輕視的、最無價值的事情，卻被我們的時代推崇為精神上最高的勝利。

最初尚帶有一些痛苦和傷感的心情，而這個時代走到對於理性的絕望。但不久後宗教上和倫理上的輕浮任性，繼之而來對知識認知的庸俗淺薄——這就是所謂啟蒙——便坦然自得地自認其無能，並自矜其根本忘記了較高興趣。最後所謂批判哲學曾經把這種對永恆和神聖對象的無知當成了良知，因為它確信曾證明了我們對永恆、神聖、真理什麼也不知道。這種臆想的知識甚至也自詡為哲學。為知識膚淺、性格浮薄的人最受歡迎，最易接受的也莫過於這樣的學說了。因為根據這個學說來看，正是這種無知，這種淺薄空疏都被宣稱為最優秀的，為一切理智努力的目的和結果。

不認識真理，只認識那些表面具有時間性而偶然的東西，——只去認識虛浮的東西，在哲學裡已經廣泛地造成這種虛浮習氣，在我們的時代裡更為流行，甚至還加以大吹大擂。我們可以說，自從哲學在德國開始出現以來，這門科學似乎從來就沒有這樣惡劣過，竟會達到這樣的看法，這樣的蔑視理性知識，這樣的自誇自詡，這樣的廣泛流行。——這種看法仍然是從前一個時期所帶過來的，但與那真誠的感情和新的實體性的精神卻極為矛盾。對於這種真誠的精神的黎明，我致敬，我歡呼。對於這種精神我所能作的，僅止於此：因為我曾經主張哲學必須有真實內容，我就打算將這個內容在諸君前面呈現。

但我要特別呼籲青年的精神，因為青春是生命中最美好的一段時間，尚未受到迫切需要的狹隘目的系統束縛，而且還有從事於無關自己利益的科學工作的自由。——同樣，青年人也還沒受過虛妄性的否定精神，和一種僅只是批判勞作且無內涵的哲學所沾染。一個有健全心情的青年還有勇氣去追求真理。真理的王國是哲學所最熟悉的領域，也是哲學所締造的，透過哲學的研究，我們是可以分享的。凡生活中真實的、偉大的、神聖的事物，其所以真實、偉大、神聖，均由於理念。哲學的目的就在於掌握理念的普遍性和真形相。自然界是注定了只有用必然性去完成理性。但精神的世界就是自由的世界。

舉凡一切維繫人類生活，有價值，行得通的，都是精神性的。而精神世界只有透過對真理和正義的意識，透過對理念的掌握，才能取得實際存在。

我祝願並且希望，在我們所走的道路上，我可以贏得並贏得諸君的信任。但我首先要求諸君信任科學，相信理性，信任自己並相信自己。追求真理的勇氣，相信精神的力量，乃是哲學研究的第一條件。人應尊敬他自己，並應自視能配得上最高尚的東西，精神的偉大和力量不可以低估和小覷。

那隱蔽著的宇宙本質，自身並沒有力量足以抗拒求知的勇氣。對於勇毅的求知者，它只能揭開它的祕密，將它的財富和奧妙公開給他，讓他享受。

黑格爾

西元一八一八年十月二十二日

黑格爾名言錄

· 背起行囊，獨自旅行。

・做一個孤獨的散步者。
・如果說音樂是流動的建築，那建築物則是凝固的音樂。
・悲觀的頭腦，樂觀的意志。
・無知者是不自由的，因為和他對立的是一個陌生的世界。
・目標有價值，生活才有價值。
・在純粹光明中就像在純粹黑暗中一樣，看不清什麼東西。
・任性和偏見就是自己個人主觀的意見和意向——是一種自由，但這種自由還停留在奴隸的處境之內。
・只有那些躺在坑裡、從不仰望高處的人，才會沒有出頭之日。
・人是靠思想站立起來！
・最聰明的天才儘管每天躺在青草地上，讓微風吹來，仰望天空，溫柔的靈感也始終不光顧他。
・凡是存在的事物就具有自然的合理性。
・如果你生活在一種無法抗拒、無法改變的痛苦裡，那麼這種痛苦將是你的幸福！給自己一個希望和勇氣，大喊沒有什麼大不了！慷慨的說句「大不了就是一死」！
・怎麼可能存在沒有意義。
・一個深刻的靈魂，即使痛苦，也是美的。
・豔陽底下沒有新鮮事。
・良心，就是對自己有了確信的精神。
・絕對的光明，如同絕對的黑暗。
・沒有熱情，任何偉大的事業都不會成功。
・人死於習慣！

- 人民必須體會到憲法是自己的權利，可以落實的，否則憲法就只是徒有其表，不具有任何意義和價值。
- 美是理念的感性顯現。
- 方法不是外在的形式，而是內容的靈魂。
- 歷史常常驚人地重演。
- 人類只是地球上的匆匆過客。
- 一個灰色的回憶，怎能抗衡眼前的生動與自由。
- 熟知並非真知。
- 上帝驚嘆細節。
- 人類從歷史中所得到的教訓就是：人類從來不記取歷史教訓。
- 一個真正的藝術家不應當只是單一的畫家，而應擁有廣泛的多項技能。
- 勺子裡的水閃光，海水卻是昏暗的，渺小的道理可以言明，偉大的真理只有偉大的緘默。

電子書購買

國家圖書館出版品預行編目資料

崩潰後的自由，黑格爾論人與瘋狂：本體論 × 辯證法 × 唯心主義，19 世紀德國哲學的代表黑格爾 / 劉燁，柳映書編譯．-- 第一版．-- 臺北市：崧燁文化事業有限公司，2022.07

面； 公分

POD 版

ISBN 978-626-332-450-3(平裝)

1.CST: 黑格爾 (Hegel, Georg Wilhelm Friedrich, 1770-1831) 2.CST: 學術思想 3.CST: 哲學

147.51　　　　111008984

崩潰後的自由，黑格爾論人與瘋狂：本體論 × 辯證法 × 唯心主義，19 世紀德國哲學的代表黑格爾

臉書

編　　譯：劉燁，柳映書

排　　版：黃凡哲

發 行 人：黃振庭

出 版 者：崧燁文化事業有限公司

發 行 者：崧燁文化事業有限公司

E-mail：sonbookservice@gmail.com

粉 絲 頁：https://www.facebook.com/sonbookss/

網　　址：https://sonbook.net/

地　　址：台北市中正區重慶南路一段六十一號八樓 815 室

Rm. 815, 8F., No.61, Sec. 1, Chongqing S. Rd., Zhongzheng Dist., Taipei City 100, Taiwan

電　　話：(02) 2370-3310　　　**傳　　真**：(02) 2388-1990

印　　刷：京峯彩色印刷有限公司（京峰數位）

律師顧問：廣華律師事務所 張珮琦律師

定　　價：380 元

發行日期：2022 年 07 月第一版

◎本書以 POD 印製